eビジネス新書

No.450

週刊東洋経済

2023 世界と日本の焦点

SPECIAL INTERVIEW

ジョ

ジャレド・ダイアモンド

ファリード・ザカリア

逢坂冬馬

町田穂高

田中孝幸

御手洗冨士夫

渡辺　努

柳井　正

出口治明

千々和泰明

小西雅子

ローレンス・レッシグ

久夛良木　健

國分功一郎

楠木　建

週刊東洋経済 eビジネス新書 No.450

世界と日本の焦点 2023

本書は、東洋経済新報社刊『週刊東洋経済』2022年12月24日・31日合併号より抜粋、加筆修正のうえ制作しています。情報は底本編集当時のものです。(標準読了時間 120分)

本書に掲載している記事、写真、図表、データ等は、著作権法や不正競争防止法をはじめとする各種法律で保護されています。当社の許諾を得ることなく、本誌の全部または一部を、複製、翻案、公衆送信する等の利用はできません。

もしこれらに違反した場合、たとえそれが軽微な利用であったとしても、当社の利益を不当に害する行為として損害賠償その他の法的措置を講ずることがありますのでご注意ください。本誌の利用をご希望の場合は、事前に当社（TEL：03-6386-1040もしくは当社ホームページの「転載申請入力フォーム」）までお問い合わせください。

※本刊行物は、電子書籍版に基づいてプリントオンデマンド版として作成されたものです。

世界と日本の焦点　2023　目次

【世界経済】

「FRBの過度の利上げは世界金融危機を招く」

経済学者・ジョセフ・スティグリッツ

「コロナ禍以前の世界に完全に戻ることはない」と語る、ノーベル賞受賞経済学者のジョセフ・スティグリッツ教授。

インフレやウクライナ戦争、コロナ禍、景気後退リスク。米コロンビア大学教授の同氏が、不確実性に満ちた2023年を予測する。

——米国経済の現状をどうみますか。教授は2022年秋、米CNBCの取材に対し、「利上げは、インフレの主因であるサプライサイド（供給側）の障害を解消しない」という指摘をしています。

今回のインフレは、通常のインフレと違い、「過剰需要」が要因ではないからだ。米国経済の総需要は、総供給力を意味する「潜在GDP（国内総生産）」を超過していない。サプライサイドの障害に端を発したインフレだ。

まず半導体不足で、自動車価格が高騰。そしてコロナ禍での住居の移動で、需要増の地域で家賃が高騰した。つまり利上げをしても、原油や食料の不足は解消されない。むしろ、利上げにより、サプライサイドの不足を解消するための投資が難しくなる。

企業も短期的な利益を求め、値上げに走る。値上げによる顧客離れで長期的には減益になるとしてもだ。利上げは短期的行動とインフレを誘発しかねない。

世界経済の回復は不十分

―― 米連邦準備理事会（FRB）は今後、利上げのペースを落とすようです。

ＦＲＢの経済の捉え方もようやく私の見方に近づいてきたようだ。それでもまだ行き過ぎだと懸念している。もちろん私は金利の正常化を強く支持し、ゼロ金利が正しいとは思っていない。

しかし米国の金利はすでに正常化している。インフレもピークアウトした。歴史的な米政策金利の幅は3～4％であり、それを大幅に上回ると、インフレへの効果が薄れる一方で、失業など雇用や成長に影響が出る（注：政策金利は最終的に4・5％を超える見通し）。

――コロナ禍は、米国経済や世界経済にどのような影響を及ぼしていると思いますか。

状況は改善している。当初は物流・配送の混乱や工場などの交代勤務労働者の不足など、サプライサイドの大混乱が起こった。だが一部はすでに解決済みで、ほかの問題は解決途上にある。

とはいえ世界経済の回復力はまだ不十分だ。米国が2022年8月、半導体の開発や生産を後押しする「半導体補助金法」を成立させたのもそのためだ。半導体は台湾頼み、というわけにはいかない。コロナ禍は世界経済の大転換点になった。

中国がサプライヤーとして、思ったほど頼りになる存在ではないことがわかった点もコロナ禍による変化の1つだ。その背景には長引くロックダウンや、（外国製の）mRNAワクチンを使わないといった事情がある。

またこれはコロナ禍とは関係ないが、米中の「新冷戦」が顕在化したことも、世界にとって大きな変化だ。「新冷戦」という言葉を嫌う人もいるが、米中が新たな緊張関係にあることは明白だ。

その要因の1つが、ロシア・ウクライナ戦争に対する両国の立場の相違だ。日米や欧州は、ロシアのウクライナ侵攻を国際的な法規範の侵害だと強く感じている。

中国が香港の民主主義を侵害したことも、多くの米国人に大きな影響を与えた。中国の行動は「一国二制度」の原則に反している。

――2022年11月の米中間選挙で、共和党の下院過半数奪回が決まりました。インフレや景気後退の可能性、「ねじれ議会」の影響など、新年の米国経済や世界経済はどうなるでしょう？

大きな「未知」が待ち受けており、予測を立てるのが困難だ。

ウクライナ戦争はいつまで続くのか。サウジアラビアなどの独裁政権は原油の供給をどこまで制限し、価格を吊り上げるのか。コロナ禍は今後、どのくらい収束せず、中国は不適切な感染対策をどこまで続けるのか。

そしてＦＲＢや他国の中央銀行はどこまで利上げを続けるのか。過度の利上げは世界金融危機を招き、多くの国々に債務危機を引き起こしかねない。

必然性のない景気後退

一方、米国では「ねじれ議会」により、ワシントンは膠着状態に陥るだろう。しかしバイデン政権がすでに大きな功績を上げていることが救いだ。支持率には反映されていないけれども。

現政権はこの2年で、景気回復のための大型財政出動を決行し、「インフラ投資法」や、大規模な気候変動対策が目玉の「インフレ抑制法」（ＩＲＡ）を成立させた。オバマ政権が8年間で残した成果以上だという声も聞かれる。

だがリスクもある。共和党支配の下院が債務上限問題で難渋して政府資金が枯渇し、連邦政府機関を閉鎖に追い込むなどの無謀な行動に出ることだ。共和党は党内が分断されているため、指導層が立ち往生するかもしれない。また米国経済が過度の利上げによる、まったく必然性のない景気後退に陥る可能性も憂慮している。

――トランプ前大統領は2022年11月15日、大統領選挙への再出馬を宣言しました。同氏が政権を奪還した場合、米国社会にどのような影響が及ぶでしょう?

中間選挙の結果を見る限り、米国人は過激なポピュリストが率いる政府を望んでいないと思う。

しかし仮にトランプが再び政権を握ることになれば、民主主義への脅威となり、2016年よりはるかに危険だ。彼の陣営は、民主主義や政府を弱体化するすべを体得してしまったからだ。

彼が任命した連邦最高裁判所判事らには、世論への配慮がほとんどない。人工妊娠中絶問題で「ロー対ウェイド判決」を覆すなど、法よりもイデオロギーや自らの議題に強く突き動かされた決定を下している。
非常に問題の多い最高裁と、民主主義を信じない大統領――。この組み合わせは、米国に破滅的な状況をもたらす。

（聞き手・ニューヨーク在住 ジャーナリスト・肥田美佐子）

ジョセフ・スティグリッツ（Joseph Stiglitz）

米コロンビア大学教授。経営大学院などで教える。2001年ノーベル経済学賞受賞。1995～97年、クリントン政権の大統領経済諮問委員会（CEA）委員長。97～00年、世界銀行上級副総裁・首席エコノミスト。著書に『世界の99%を貧困にする経済』（徳間書店）など。

聞き手・肥田美佐子（ひだ・みさこ）

東京都出身。『ニューズウィーク日本版』編集などを経てNY移住。米系企業などに勤務後、ジャーナリストとして独立。米経済問題や大統領選挙を取材。欧米識者への取材多数。

「パンデミック後の世界で守るべきは民主主義である」

生物学者・ジャレド・ダイアモンド

世界的な生物学者で、大ベストセラーとなった『銃・病原菌・鉄』でピュリツァー賞を受賞したジャレド・ダイアモンド氏。「パンデミックの教訓」について聞いた。

——パンデミックに続き、ウクライナ戦争が起きました。

パンデミックは終息したとはとてもいえないが、感染症が地球上からなくなることはない。まず住んでいる国、地域に関係なく、パンデミックから学ぶべき教訓は何かを考えなければならない。

教訓は2つあると思う。1つはフィンランドのようになれ。スウェーデンとともに

ＮＡＴＯ（北大西洋条約機構）加盟を発表したのは、賢明な決定だ。フィンランド人は歴史から学ぶ国民であり、フィンランドの政府委員会のメンバーである私の友人は、「われわれはうまくいきそうにないすべてのことを予測し、それに対して備えることを対ソ戦争から学んだ。だから政府委員会を設置し、うまくいきそうにないことを洗いざらい出し合って、最悪のシナリオに備える」と話していた。

用意周到なフィンランド

例えば、配電網が切断されたら何が起きるのかを予測する。ロシアは先の戦争でフィンランドの配電網の１０％をカットしたが、フィンランドはすでにそのシナリオに対して備えがあったのでパニックにならなかった。

３年前には「呼吸器系統が冒されるパンデミックが起きたらどうなるか、予測すべきだ」という議論があったそうだ。だから、フィンランドは十分に多くのマスクを購入していた。２０２０年３月にＷＨＯ（世界保健機関）がパンデミックを宣言しても、フィンランドは決して慌てなかった。

ＮＡＴＯ加盟申請についてもそう。ロシアの残忍な行為を目の当たりにして、1945年以来続けてきた中立を維持することは、もはや賢明なことではないと認識した。燃料、小麦、医薬品……彼らは思いつく限りすべてのものを備蓄している。

新型コロナ感染症はグローバリゼーションによって拡大したので、グローバルな解決が必要である。これが第2の教訓だ。気候変動、資源枯渇、社会格差など、グローバルな解決が必要な問題は山積している。しかし新型コロナで深刻なのは、1つの国が安全になっても、ほかの国が安全になったとはいえないことだ。日本がどれだけ慎重にコロナ対策を進めても、日本に入国する人の中には必ず感染者がいる。中途半端な政策は意味がないだろう。

——政治にも影響を与えました。

私が最も懸念していることだ。今回の米国の中間選挙でバイデン大統領は、米国は民主主義の危機にあると何度も主張してきた。米国を見る前に世界を見てみよう。スウェーデンの「V‐Dem」によると、2021年に民主主義国家は世界に89カ国ある。一方、中国、ロシアを筆頭とする権威主義国は90カ国にも上り、民主主義国家よりも多い。今のウクライナ戦争も、民主主義国家と権威主義国家、ひいては西側諸国とロシアの代理戦争といってもよい。中国の習近平国家主席は第3期に突入し、ますます権威主義を強める。中国による台湾侵攻もいつ起きてもおかしくない。

米国内でも、トランプ前大統領から始まった民主主義に対する危機はさらに高まっている。中間選挙で「赤い波」（red wave）が起きることはなく、「赤いさざ波」（red ripple）に終わったが、それでも下院は共和党が制した。バイデン大統領の政策は、下院で否決される可能性が高く、議会運営はスムーズにいかない。ウクライナへの大規模な支援も減少するかもしれない。民主主義がうまく機能しないことが心配だ。

米国には国政を管理する当局は存在しない。あくまでも地方と州がルールを設定する。共和党が多数派を占める州では、地方と州の当局は民主党に投票しそうな人の投票を難しくする。日本と違って投票するにはまず有権者登録をしなければならず、正式な身分証明書がなければ登録できない。このような投票制限は共和党に有利なもので、民主主義とはいえない。自由な投票こそが民主主義の基本であるからだ。

時代に逆行する国

――最高裁判所の保守化も深刻です。

トランプ政権のときに保守派の判事を多数派にした。1973年のロー対ウェイド裁判で、最高裁は人工妊娠中絶を規制する米国内法を違憲としたが、これが覆され人工妊娠中絶の権利が保障されなくなった。近年の米国史上で女性の健康と権利に対する最大の打撃だが、逆にこれが中間選挙で若い女性を投票所に向かわせ、共和党が苦戦したといわれている。その点ではよかったのだが、女性の権利に打撃を与えたのは時代に逆行している。米国の二極化がさらに進んだ。二極化があまりにも進行すると右派にせよ左派にせよ、極端派が強くなり、それが間違いなく、民主主義の維持に有害になる。

最も偉大な英国人として世界で尊敬されているウィンストン・チャーチルは、「民主主義が完全で、賢明であると見せかけることは誰にもできない。実際のところ、民主主義は最悪の政治形態ということができる。これまでに試みられてきた民主主義以外のあらゆる政治形態を除けばだが」という名言を残している。

民主主義は現在の世界に存在する政府形態では最善のものだ。民主主義では政府がバカなことをしでかすと、国民は抗議を行うことができる。ベトナム戦争中、戦争を決断した米国政府に市民は反対運動を起こした。米兵が学生を射殺したオハイオ州のケント州立大学で起きた有名な事件。射殺された学生たちの写真が全米に出回った。そのことが米国政府に対ベトナム戦争を諦めさせるうえで、重要な役割を果たした。

——民主主義を絶対に守らなければならないのですね。

そうだ。しかし、つい最近トランプ氏が2024年の大統領選に出馬することを表明した。私は深刻な懸念を抱いている。2016年の二の舞いにならないことを心から望んでいる。選挙では何が起きるかわからない。バイデン氏の支持率は低く、民主党で強い候補者が出てこないとどうなるか、まったくわからない。

国民が一丸となって守らなければ維持できない。それが民主主義なのである。

（聞き手・国際ジャーナリスト　大野和基）

ジャレド・ダイアモンド（Jared Diamond）

米カリフォルニア大学ロサンゼルス校（UCLA）地理学教授。1937年生まれ。米ハーバード大学で生物学、英ケンブリッジ大学で生理学を修める。研究領域は進化生物学、生物地理学、人類生態学へと発展。ベストセラー『銃・病原菌・鉄』でピュリツァー賞受賞。

聞き手・大野和基（おおの・かずもと）

米コーネル大学で化学、ニューヨーク医科大学で基礎医学を学ぶ。その後、現地でジャーナリストとして活動。編著に『コロナ後の世界』『5000日後の世界』など多数。

【米国政治】

「プーチンはトランプ政権を心待ちにしている」

ジャーナリスト、CNNホスト、ワシントン・ポスト紙コラムニスト
ファリード・ザカリア

米CNN「ファリード・ザカリアGPS」のホスト役として国政・外交問題を報じ、ワシントン・ポスト紙コラムニストとしても健筆を振るうのがファリード・ザカリア氏である。

同氏はベストセラー作家でもあり、エミー賞候補にもなった、ニューヨークの著名ジャーナリストだ。政治学博士でもあるザカリア氏に、米中関係や大統領選、ウクライナ戦争の見通しを聞いた。

――米バイデン政権の今後をどう予測しますか。「ねじれ議会」で、議会は膠着状態に？

そうなるだろうが、さほど大きな問題ではない。新型コロナウイルス経済対策法から「インフレ抑制法」（ＩＲＡ）まで、すでに多くの法律が誕生したからだ。

バイデン大統領は、１９６０年代半ばに（公民権法など）数々の法律を制定した民主党のリンドン・ジョンソン大統領以来、同党が成し遂げた最も野心的かつ歴史的レベルの業績を上げている。

米中は分別のある関係へ

――米中関係の見通しを教えてください。

米政権の対中リバランス（再均衡）が進行中だ。かなりの強硬路線に舵を切っている。共和党に批判の余地を与えないためだ。

その一方で、米中非難合戦という敵対的な外交がやや軟化し、限界はあるが、もっと分別のある関係を目指す動きも予想される。

――2022年秋に発表されたハイテク対中輸出規制強化策は「米国の対中戦略における大転換点」だとする報道もあります。

少し大げさだ。対象は先端半導体という狭い分野であり、半導体生産世界最大手のTSMC（台湾積体電路製造）で造られるものだ。軍事利用される可能性が高く、輸出は米国や同盟国のためにならない。米政府によれば、限られた数のテクノロジーから成る「小さな庭」を「非常に高い壁」で囲うようなものだという。

規制強化策は中国に対する経済戦争でもなければ、米中デカップリング（分断）の推進でもない。グローバル化を維持しつつ、軍事的危険性が及びうる最高レベルのハイテク分野を規制するものだ。

――ねじれ議会で、米国のウクライナ支援策が変化するおそれはありますか？

対ロシア経済制裁が解除される見通しは、ほぼない。戦闘は続く。完全勝利も完全降伏もない。私たちは、経済制裁の継続という「新常態」を受け入れるべきだ。

今後、ウクライナが勢いを増したとしても、ある時点で行き詰まる。ウクライナ東部の主要地域と、2014年にロシアが強制的に併合したクリミアからロシア軍を駆逐するのは難しいからだ。

――バイデン政権は両国の停戦合意を望んでいるのでしょうか。それともプーチン大統領の失脚をにらみ、ウクライナの徹底抗戦を望んでいるのでしょうか。

米国人は最終的には停戦を望んでいると思うが、ロシアのウクライナ侵攻に見返りを与えるべきではないとも考えている。

プーチンの行動が許されるものだというシグナルを世界に送ることは危険だ。侵攻しても逃げ切れるとなれば、中国が台湾や、もしかしたら尖閣諸島にも軍事力を展開する可能性が高まるからだ。

――中国が、新年にも台湾に侵攻する可能性はありますか。

軍事力を高めつつ、あと数年、静観するとみる。侵攻のコストと利益を注意深くてんびんにかけているだろう。ウクライナの例から、小国でも徹底抗戦されればコストは甚大で、世界を敵に回すことにもなるという点を学んだはずだ。

全面的な軍事侵攻ではなく、輸入に頼る台湾の「封鎖」を狙い、軍事力行使に出るのでないか。2022年8月、ペロシ米下院議長の台湾訪問後、中国は不満を表し、封鎖の軍事演習を行った。封鎖は非常に効果的な方法で、台湾の息の根を止めることができる。

台湾の出方も重要だ。可能性は低いが、独立を宣言しようものなら中国が黙っていない。2024年1月には台湾の総統選がある。選挙に公約は付きものだ。制御が利かなくなるおそれもある。

バイデン氏は不出馬？

——ウクライナにとって、2023年の最大のリスクは？

ウクライナが予想以上に善戦し、クリミアに進軍した場合、プーチンが攻撃をエスカレートさせかねないことだ。核兵器の使用は中国やインドも支持していないため、ロシアが核兵器を使うとは思わないが、より大規模な武力行使に出るおそれがある。

ロシア軍はウクライナ軍の何倍もの規模だ。現在も、ウクライナ全土に容赦ないミサイル攻撃を仕掛け、一般人の生活を地獄に落とすべく、発電所や水処理施設などの民間施設を爆撃している。

――トランプ前大統領は次期大統領選に再出馬します。ワシントン・ポストの2022年11月17日付コラムで、共和党は同氏を「追放」すべきだと書いていますね。

追放の可能性は低いが、ゼロではない。トランプが同党の予備選を勝ち抜いたとしても、本選で民主党候補者を破る力はないという「問題」に気づき、声を上げ始めた共和党議員がいるからだ。

だがバイデン大統領も年を取りすぎている。再当選すれば、2期目入りは82歳、任期が終わる頃には86歳だ。

中間選挙の結果から、トランプの人気低下が（激戦州における同氏の支持候補者らの敗北で）わかったことは、バイデン不出馬の後押しになりうる。彼に再出馬を決心させる唯一の要因は、トランプを倒せるのは自分だけだという信念だからだ。

――トランプ氏が政権を奪回した場合、米国が北大西洋条約機構（NATO）から脱退し、ウクライナ支援をやめる可能性は？

私はトランプの2期目を案じている。共和党主流派の抑えが利かなくなっているからだ。NATO脱退は定かではないが、プーチンと取引するおそれはある。プーチンは、それを心待ちにしている。

（聞き手・ニューヨーク在住 ジャーナリスト・肥田美佐子）

ファリード・ザカリア（Fareed Zakaria）

米『ニューズウィーク』国際版編集者などを経て、CNN「ファリード・ザカリアGPS」のホスト役に。ワシントン・ポスト紙コラムニストなども兼任。ハーバード大学で政治学博士号取得。著書に『パンデミック後の世界 10の教訓』（日本経済新聞出版）など。

【ロシアとウクライナ】

「戦争に行かない僕たちが言葉を発していくしかない」

作家・逢坂冬馬

ロシアによるウクライナ侵攻以降、話題を集めている長編小説がある。逢坂冬馬さんの『同志少女よ、敵を撃て』だ。

この小説では第2次世界大戦の独ソ戦を舞台にソ連軍の女性狙撃兵となった少女の苦しみや悲しみを描く。ウクライナ侵攻で世界が目撃した悲惨な現実と重なり合う物語でもある。全国の書店員が選ぶ「2022年本屋大賞」の大賞を受賞。直木賞候補にもなった。逢坂さんはこの現実をどう見ているのだろうか。

――『同志少女よ、敵を撃て』を書いた理由を教えてください。

もちろん、戦争そのものは嫌悪する。自分がいかに戦争を嫌っているか。その思想で貫かれているのがこの小説だ。暴力は否定されるべきもので、遭遇したくないものだが、暴力から逃れられない現実もある。だからこそテーマにする意味もあった。独ソ戦の中の女性狙撃兵を描くことはずっと考えていた。歴史上類を見ない存在であるのに、あまり語られていない。しかし資料を集めて考証をしっかりしてからでないと、うかつに手を出せない題材でもある。頭の中で棚に載せたままのような状態だった。

間違いであってくれ

転機は2015年にスヴェトラーナ・アレクシエーヴィチがノーベル文学賞を受賞したことだ。日本でも彼女の『戦争は女の顔をしていない』が2回目の出版を迎えた。その本が独ソ戦を小説にする際の基礎になった。このオーラルヒストリー（口述史）的な小説を読んで、個人の戦争体験でなければ語りえない戦争の姿を小説で描くことができないかと思った。

資料集めだけで2〜3年はかかった。ディテールをつかめたという感触を持てるまで読み込む。教科書的な資料では、どうしても領土を奪い合う表面的な構図しか見えてこないが、オーラルヒストリーのような資料を読むことで、人の死のディテールが見えてくる。

戦争による死の現場がいかに凄惨なものか、戦争で人を殺すということが、どれほどつらい行為であるのか。だが、その風景や行為はいつの間にか日常と化す。そんな怖さが想像できるようになる。

――古典的な戦争が実際に起きてしまいました。

2021年末、ロシアの動きを見て、危機的な状況だと思っていた。ただ軍事的には、何カ月間も周辺に部隊を集めていれば恫喝にはなっても、奇襲にはならない。まして や全面的な戦争はありえないだろうと。矛盾するのは、基地を設営し、兵站（たん）も手当てしていたこと。恫喝にしてはやりすぎで不自然だ。膨大な国費が消えているのは明らかだったから……。

頼むから間違いであってくれと願っていた。戦争が始まったとき、絶望的な気持ちになったし、この本を世に出して本当によかったんだろうか、と真剣に悩んだ。

独ソ戦は今の世界と重なる部分がある。戦争とジェンダーというテーマをあえて設定した。ウクライナ出身の主要人物もいるし、ラストのほうでロシアとウクライナの将来の関係について、余韻を持たせる書き方をしていた。そのため、この本が最悪の形で今の時代性というものを獲得してしまった。

ロシアによるウクライナ侵攻が始まった2月24日以降の読者は、現実の戦争を念頭に置いて読んでいる。この小説の中の戦争はただの絵空事なのか、それとも現実に対して何らかの関係性を持つのか。そのことは今後の自分の振る舞いで決まる。この小説をどう読んでもらいたいか、自分でコントロールしなければならない。

この小説は「祖国に危機が迫ったら武器を取って勇ましく戦え」といっているように読める。瞬間的に親ロシア的な小説、ロシアの愛国心を無条件で肯定していると受け止める人もいるだろう。だが、どれも意図するところではない。自分が書いた小説が現実に起きた戦争とリンクして語られる。それを前提としたインタビューがあるということも当然予期せずに書いていたが、現実と向き合って自分の意図を話していくしかない。

スナイパーは何を思う

――現実とは思えないような映像が流されています。

戦争が地獄であることは頭では理解していたが、目に飛び込んでくる映像は「ここまで壮絶なのか……」と絶句するものばかり。これまで、軍事力で圧倒的な格差がある非対称戦争は、力を持つ者が距離的にも心理的にもどこか遠くから戦争を遂行しているような感覚があった。ところが、この戦争では非対称戦争では見えなかった地獄が現実として見える。それは人間の命を人間が奪っていくという行為のむごさだ。

小説にも登場するリュドミラ・パヴリチェンコは実在したソ連の女性スナイパーだ。彼女はロシア人だと自認していたが、ロシアからウクライナに移住した家庭の出身だった。民族的にはロシア人で、ウクライナの市民。彼女が戦った場所こそがクリミア半島だった。

彼女を描いた映画が2015年に公開された『セヴァストポリの戦い』だ。日本では『ロシアン・スナイパー』というタイトルで公開された。これはロシア・ウクライナ合作映画だった。ウクライナの大学に通い、クリミア半島を守るために戦ったパヴリチェンコは、わずか7年前までロシアとウクライナの共通する英雄だった。

プーチンは戦争の初期に、「ウクライナの非ナチ化」を目的の1つに挙げていた。独ソ戦に今の自分たちを投影しようという発想だが、そもそもウクライナもソ連の一員としてドイツと戦っていたことをまるっきり無視している。パヴリチェンコがこの惨状を見たら、いったいどう思うのだろうか。

——多くの矛盾を抱えています。

早く終わってほしいが、どうなれば終わるのか、誰にもわからない。だから、双方ともおびただしい人命を薪のように火にくべる。恐ろしい状態になっている。

理屈としてはロシアから反戦運動が立ち上がり、戦争終結に導くのが正しいが、政府が暴力で抑えつけ、捕まえた人をすぐ前線に送るような現状でそれを求めるのは、酷なことだろう。では、その分を誰が担うのか。機動隊にぶちのめされず、戦争に行って殺されることもない人が、代わりに言葉を発していくしかない。僕もその一人のつもりだ。

（聞き手・堀川美行）

逢坂冬馬（あいさか・とうま）
1985年生まれ。2021年に『同志少女よ、敵を撃て』でアガサ・クリスティー賞を受賞し、デビュー。同作で2022年本屋大賞、高校生直木賞を受賞。直木賞の候補作品としてもノミネートされた。

【中国と台湾】

中国は経済発展を優先　台湾侵攻は可能性低い

パナソニック総研主幹研究員・町田穂高

深夜、中国人民解放軍の弾道ミサイルが台湾の軍事施設を突然襲い、中国の特殊部隊が台湾に上陸する……日本にとって中国と台湾に関する2023年の最悪のシナリオは、経緯は何であれ、中国による台湾への武力行使である。台湾内の在留邦人の安全な保護。台湾から地理的に近い沖縄への影響。米国から自衛隊による共同作戦や支援の要請があった場合の対応。中国が台湾への武力行使に踏み切れば、日本は数々の難題を突きつけられる。

日本経済への影響も深刻である。中国の軍事行動は国際社会の批判を集め、中国への経済制裁やグローバル企業の中国市場からの撤退が相次ぐであろう。中国経済はいうまでもなく、日本の最大の貿易相手である中国において活動する数多くの企業への影響も計り知れない。台湾をサプライチェーンに組み込んでいる日本企業も多い。

しかし、2023年に中国が台湾を軍事侵攻する可能性は極めて低い。

第1に、現在の中国の最優先課題は経済であり、台湾統一の優先度は高くない。2022年10月に開催された中国共産党第20回全国代表大会（党大会）において、習近平総書記（国家主席）は、今後の中国の最も重要な任務は「質の高い発展」だと指摘し、報告の多くを経済政策や発展のあり方に費やした。党指導部は、少子高齢化や所得格差といった社会課題に対処しつつ、技術革新、経済構造の変革などにより「質の高い発展」を進め、経済成長を維持して国民の生活水準を向上させることが最重要だと考えている。これら経済・社会上の問題は庶民の生活に直接影響を与え、最優先に取り組む必要がある。だが、現在、台湾は緊急に武力行使して統一しなければならないような状況にはない。

また、中国人民解放軍は台湾への軍事作戦を成功させられるほどの準備がまだ十分にできていないのではないだろうか。習近平総書記は2012年の就任以来「勝てる」軍隊の建設を強調しており、今回の党大会報告においても、軍の「勝てる」能力の向上を求めている。これは裏返せば、現在の解放軍は必要な事態において「勝てない」というのが現状認識であり、短期的には軍事行動を行えるような状況にはないと考える。

実際、8月のペロシ米下院議長の台湾訪問時に中国国内のSNS空間では多くの意見が噴出したが、武力行使をあおるような強硬派の意見は当局によって削除された。党指導部は、台湾への軍事行動につながるような動きを望んでおらず、それをあおるような過激な言動にも反対なのであろう。

日本にとって台湾をめぐるベストのシナリオは、中国が現状を維持し、現状変更につながりかねない物理的手段（台湾周辺海域の海上封鎖など）も行わないということ。そして、これが2023年に最もありうる展開ではないだろうか。

現在の中国の最重要課題である経済発展を持続させるためには、対立的な国際関係の改善も中国にとって待ったなしの課題である。米中貿易戦争、欧米諸国における市場からの中国企業の排除や中国製品への制限といった最近の動向は、中国の経済成長を妨げる足かせになっている。党大会直後に習近平総書記は欧米、日豪といった中国との間に難しい問題を抱えている国々との首脳会談を精力的にこなし、笑顔を振りまいた。

同時に、東南アジアやアフリカの首脳とも多く会談し、デカップリングや陣営対立の動きに反対し、「人類運命共同体」の構築を推進すると強調した。国力に自信をつけた中国社会を満足させる「大国外交」を展開しつつ、経済成長のために先進国との関係をマネージする、という難しい舵取りを党指導部は迫られている。台湾をめぐる状況は静かで安定的であることを望んでいる、というのが現在の中国の本音であろう。

米中とも緊張は望まない

台湾情勢の安定のためにも、中国は米中関係の改善を求めている。近年、米国外交での台湾の戦略的重要性は高まり、台湾に関する言及が増えている。２０２２年には、米下院議長の台湾訪問、バイデン米大統領の台湾防衛に関する発言、米上院外交委での台湾政策法の可決といった米国内の動向が相次いだ。

中国の目には、米側が台湾を使って中国に圧力をかけようとしていると映る。だが、党指導部は米国との国力の差を冷静に認識し、台湾を問題にしたくない。米側も中国との緊張は望んでいない。

１１月の米中首脳会談で、バイデン大統領は台湾海峡の現状に対する一方的な変化に反対し、台湾海峡の現状維持が世界の利益だと述べた。米議会による台湾政策法可決、米高官の台湾訪問など、台湾海峡の緊張を高める事態は２０２３年も発生する可能性が高い。しかし、米中間は批判の応酬をしつつ、水面下を含め緊密に意思疎通し、事態をマネージしようとするだろう。

最後に２つ留意しておくべき要素がある。１つは、２０２４年に台湾総統選挙が予定されていること。中国が総統選挙の結果に影響を与えようとして何らかの措置をとり、それが結果として、台湾をめぐる状況を複雑化させ、エスカレートさせないか。もう1つは、台湾周辺での偶発的な事件事故の発生である。万が一偶発的な衝突が発生した場合でも、党指導部は、2001年に発生した海南島での米中軍機接触事故で見せた対応と同様、事態を収束させるように対応すると考えるが、自信をつけた現在の中国に当時と同様の対応が可能かどうか、予断を許さない。

町田穂高（まちだ・ほたか）
2001年外務省入省。中国・モンゴル課、日米地位協定室、国連代表部、在中国大使館などを経て22年退官。

【地政学】『13歳からの地政学』著者が解説

親子で学ぶ2023年の世界地図

国際政治記者・田中孝幸

「今後1年、世界はどう動くでしょうか」。私は国際記者という職業柄、年末になるとこういう質問を受けることがあります。世界のことを一言で表すのは難しいのですが、私はこの数年、国際情勢を見るうえで最も大事であると思う問題を取り上げ、同じことを答え続けてきました。

それは「来年も超大国である米国とそれに挑戦する中国が対立を深める1年になる」ということです。この流れは2023年も変わることはないでしょう。

では、なぜ米中の対立関係が解けないのでしょうか。今は「米中対立」という言葉が当たり前のように語られるようになっていますが、実はそれが強く意識されるようになったのはこの10年くらいのことで、それまでは20年ほど良好な時代が続きました。

国と国の関係も人間関係と同じで、けんかをするよりは仲良くするほうがお互いにとってプラスが多いものです。ある国の企業がせっかく魅力的な商品を作って世界に向けて売ろうと思っても、外国との仲が険悪になれば高い関税をかけられたり、そもそも輸出できなくなったりします。それに国家間の不信感が強まれば、それだけ軍事費を増やすようになり、社会保障や教育といった、生活に大事な分野にお金が回らなくなります。

それなのに、なぜ対立を深める方向に向かっているのでしょうか。実はその背景には、バイデン大統領や習近平国家主席といったリーダーたちのキャラクターを超えた構造的な問題があります。

まず、中国が抱える問題をみましょう。中国の国内総生産（GDP）は2021年までの20年間でおよそ13倍に膨らみました。人口はあまり増えていないので、わずか1世代で1人当たりにすると10倍以上豊かになった計算です。

ただ、これは日本を含めた多くの国でも起こったことですが、高度経済成長は年々、続けるのが難しくなります。豊かになる余地が徐々に小さくなるからです。長年の一人っ子政策で人口が減り、社会が高齢化する方向に向かっていることも、経済成長にはマイナスになります。

中国では近年、共産党が国を豊かにすることで、権力を持つことを国民に納得させてきました。毛沢東のように戦争に勝って国をつくった実績もなく、国民の選挙で選ばれたわけでもなく、過去のような高成長も見込めない現代の中国のリーダーがいうことになぜ従い続けなければいけないのか。これは昔の貧しさを知らない若者たちにとっては納得しがたいものになっています。中国各地では最近、若者たちによる反体制デモが発生し、監視や弾圧で市民の不満を抑え続ける手法に限界があることを印象づけました。

だからこそ、中国の指導層には新たな実績が必要なのです。そこで目指しているのが「米国と肩を並べる大国になる」と「台湾統一」の2つ。国外に敵を設定し、それに打ち勝つというわかりやすい目標を掲げることで国民をまとめる戦略ともいえます。

多くの国民が共産党の支配に納得しなくなったら、じきに反乱が起きて、革命につながります。中国の歴史をみると、革命が起こると前の政権のリーダーたちやその家族は皆殺しにされることが多かっただけに、共産党の幹部たちも必死です。中国の外交政策はそういう国内の政治的な生き残りのために組み立てられているので、いくら外国で不評であっても大きく変化することは望めないのです。


米国は近年、中国との貿易に制限をかけたり、ＩＴ企業の製品を締め出したりするなど徐々に態度を厳しくしてきました。なぜ中国が米国と肩を並べる超大国になることが許せないのでしょうか。

それは、中国にアジアが奪われることにつながるからにほかなりません。米国と中国が世界で並び立つというのは、人口も多いうえに比較的若く、欧米よりも速いペースで経済が成長している東南アジアを含めたアジア全体が中国の影響下に入ることを意味します。

「アジアの世紀」と呼ばれる21世紀でそれを認めれば、中国がアジア諸国から力を吸い上げることで、米国を国力で追い越すことになるかもしれません。民主体制をとらない中国がトップに台頭すれば、建国以来大事にしてきた自由や民主主義といった価値が世界中で廃れ、国のあり方に疑念を生じさせるおそれすらあります。

だから、米国にとって中国を抑えつけることが何より重要になっているのです。この路線は2大政党である民主党と共和党のいずれも支持しており、次の大統領選挙でどの候補が当選しても変わることはないでしょう。

日本も含めた世界のほかの国々は、この米中対立の狭間で生き残りを探っていくことになります。世界の国々はいくつかのグループに分類できますが、その中でも国々の戦略は各国の地理的、歴史的な条件によって異なります。

例えば世界のGDPの4割を占める主要7カ国（G7）の米国以外の6カ国をみると、民主国家であるだけでなく、外国から攻められた際に米国に守ってもらえる同盟国だという点で共通しています。国と国との約束において、この軍事同盟の条約ほど大事なものはありません。それは国民の生命を守ることに直結するからです。

魅力的な中国の経済

結束を保つG7でも、中国に対する姿勢にはやや温度差があります。欧州諸国では中国の経済力を取り込もうとする動きが途絶えていません。欧州最大の経済大国であるドイツのショルツ首相は22年11月、大企業の経営者たちを引き連れて中国を訪問しました。中国から地理的に遠く、軍事的な脅威を実感しにくいうえ、中国がもたらす経済的な利益には無視できない魅力があるからです。

インドやインドネシアといった新興国の多くは米中の間で旗幟（きし）を鮮明にせず、中立的な立ち位置を探ろうとしています。自らの国益のために、どちらの大国からも重視されて双方から有利な条件で経済協力を引き出す戦略をとろうとしているのです。

それに政治体制が民主的でない、世界の多くの新興国では、民主化を掲げる米国の動きを「内政干渉だ」と警戒する向きがあります。一方で、経済力を振りかざして各地で尊大に振る舞う中国の姿勢に反感を持つ国も少なくありません。米国が主導し中国が反対したロシアのウクライナ侵攻を非難する国連決議に、かなりの数の新興国が棄権票を投じた背景にはこうした事情があります。

日本は米中対立の最前線に位置し、中国と歴史的、経済的に深いつながりを持っています。2023年はG7の議長国で、5月には広島でサミットを予定しています。

米国と中国のいずれにとっても、アジアにおけるG7の唯一のメンバーである日本の戦略的価値は高まっています。米国との同盟関係に軸足を置きながら、偶発的なトラブルや誤解が生じないように中国との対話のチャンネルも保つ。日本がG7で存在感を示せるかどうかは、そういったアジア地域の安定に向けた独自の貢献策を見いだし、実行していけるかにかかっています。

田中孝幸（たなか・たかゆき）
大学時代にボスニア内戦を現地で研究。新聞記者として政治部、経済部、国際部、モスクワ特派員など20年以上のキャリアを積み、世界40カ国以上で政治経済から文化に至るまで幅広く取材した。著書に『13歳からの地政学』など。

【日本経済】

「早く戦争を終わらせてもう一度世界中を豊かに」

キヤノン会長兼社長CEO・御手洗冨士夫

米中対立の深刻化、急激な円安進行により、日本企業の事業環境は大きく変化した。日本を代表する企業の経営者は、先行きをどのように分析しているのか。キヤノンの御手洗冨士夫会長兼社長CEO（最高経営責任者）に聞いた。

――2022年には急速に円安が進みました。円安傾向は今後も続きますか。

今は円安だが、円高の時代がまた来ると思う。今の円安は米国の利上げなどによりドルが急激に強くなったことで起きている。米国の金利上昇が落ち着いていけば、状況は変わる。為替をはじめ変動するものに対応した経営をしなければならない。

変動相場制になってから（為替レートが）動くのをずっと経験してきたため、変動には慣れてしまった。私が駐在員として米国にいた1966年には、1ドル＝360円だった。それが、1989年に日本に帰ってきたときには120円くらいにまで円高が進んでいた。さらに1995年には100円前後にまで進み、経費削減に必死で取り組んだ。

キヤノンは売上高の8割超を海外が占め、円安のほうがプラス面は多い。しかし、連結決算をする際には円換算すると海外子会社の経費が上がるので、100％よいというわけではない。

――2022年10月26日の決算説明会で、「メインの工場を日本に持って帰る」と発言されました。為替変動への対応を意識した発言ですか。

「為替に強い体質＝高付加価値への変身」という流れがやっと完成したということだ。安い労働力を求めて海外に出なければならないような産業をやめ、できるだけ高付加価値な産業へと、事業内容を変化させてきた。高付加価値の産業は為替の変動にも強い。この変身が為替対策にもなる。

高付加価値の産業であれば、賃金が高い日本国内で生産しても十分にやっていける。高級一眼レフカメラの生産は一度も海外に出したことがない。工程の合理化や自動化を進めることで国内生産を続けてきた。

円高が進んだ1980年代以降、日本企業は安い労働力を求めて海外に進出した。コストダウンをすることで円高の影響を防いでいた。

しかし、海外の賃金も上がり、状況が変わってきた。そこで「高付加価値な産業に変身していかなければならない」と感じるようになったが、一朝一夕には変えられない。10年以上をかけてやっと一段落ついたところだ。

きっかけはスマホの登場

――変身を意識した具体的なきっかけは何でしょうか。

（2000年代以降の）IT革命、さらにはスマホの登場で安いカメラが大きな影響を受けた。カメラの売り上げはピーク時の3分の1に減ってしまった。トップシェアでありながら売り上げがどんどん下がっていく。これは初めての経験だった。クラウド化でペーパーレスが進み、プリンターなどの事務機にも影響が出た。

このような経験から、事業構造の転換を目指してきた。「変化は進化、変身は前進」と社員全員に伝え、安いカメラや安いプリンターを造っていた産業を変えてきた。

2010年にオランダの印刷会社・オセ（現キヤノンプロダクションプリンティング）を買収した。（アナログ印刷のように版を必要とせずデータから直接印刷する）デジタル印刷への変化を先取りした買収だ。オセは形や素材がさまざまなラベルなどへの印刷を得意とする会社で、通常の印刷と比べて高付加価値だ。

カメラで付加価値が高いのは監視カメラ。ソフトが重要な領域でサービスがどんどん先へと広がる。世界で初めて監視カメラを造ったスウェーデンの大手、アクシスを2015年に買収した。そのほかに医療用機器、さらに500億円の投資を最近決定した半導体用の産業機械なども育成してきた。

高付加価値化で雇用維持

――国内回帰をするにしても、日本国内の高い電気代や法人税率は足かせになりませんか。

今までの産業構造のままだとそうなる。繰り返しになるが、そのような影響を和らげるためにも、付加価値の高い産業にしなければならない。

キヤノンが最も大切にしていることは雇用の確保。終身雇用に代表される日本的経営は古いと一部でいわれる。しかし、日本は、カリフォルニア州と同じ広さの国土に、米国の人口の3分の1の人間が暮らしている。これだけ多くの人たちが、きちんと暮らしていけるように職に就かないといけない。そういう中で必然的に、習慣として終身雇用が生まれてきたのだと思う。それはそれで日本の文化に適した形だと思う。雇用の流出を防ぎ、かつ高賃金の会社としてやっていくためにも、日本で成り立つ産業に変化することが必要だ。

――2023年はどのような年になってほしいですか。

ウクライナ戦争を早期に終結させて、世界が経済でつながるのがベストだ。

グローバリゼーションは1989年のベルリンの壁崩壊から始まった。東欧で移動の制限がなくなり、中国やソ連でも経済の自由化が進んだ。政治的にはベトナムなどは社会主義国家だが、経済は自由化が進み、世界が経済でつながった。人・物・金が国境を越えて自由に動くようになり、価値の交換が簡単に行われるようになった結果、世界中が豊かになった。

ところが、リーマンショックで世界同時不況になると、グローバリゼーションの副作用が出てきた。不景気になるにつれて社会の分断が進み、移民問題が噴出した。例えば英国もEU（欧州連合）を離脱した。そこに新型コロナの流行や戦争まで生じ、サプライチェーンの分断が進み、世界中が貧しくなっている。

そのため、望ましいのは早く戦争を終わらせ、グローバリゼーションを再構築すること。もう一度、世界中を豊かにすべきだ。

米中デカップリング（分離）も、世界的、人類的な立場で考えれば望ましくない。

米中両国のシステムの違いから引き起こされる争いを仲裁していくのが、日本の役割だろう。両国と親しい日本が、米中間の平和を保つ役割を果たすべきだ。

（聞き手・吉野月華）

御手洗冨士夫（みたらい・ふじお）

1935年生まれ。中央大学法学部卒業。61年キヤノン入社。79年キヤノンUSA社長、95年にキヤノン社長就任。現在まで2回、社長を退いた時期があるが、その間を含め一貫して同社の経営を率いる。2006〜10年に経団連会長、10年から経団連名誉会長。

【インフレ】

「賃金が上がれば脱デフレのシナリオが実現する」

東京大学大学院教授・渡辺　努

世界的なインフレの影響と円安により、日本でもついに物価上昇が始まった。コロナ禍初期には予想されなかった変化が各国で起こっている。日本経済は今後どうなるのか。『物価とは何か』『世界インフレの謎』などの著書がある、東京大学大学院の渡辺努教授に話を聞いた。

――ウクライナ侵攻がインフレの原因だという見方があります。

非常にわかりやすいが、違うと思う。戦争が始まったのは2022年2月。米英欧のインフレは2021年4月には起こっていた。明らかに戦争とは関係ない。

確かに、日本の物価上昇が加速し消費者が物価高を実感するようになったのは開戦後かもしれない。だが、海外発のインフレがたまたまそのタイミングで日本に入ってきた、というのが大きな構図。戦争の影響も少しはあるかもしれないが、ほとんどはほかの要因によるものだろう。和平交渉がうまくいき戦争が終わっても、日本の物価は元には戻らない。

では、なぜ海外でインフレが起きたのか。大きいのは、パンデミックによる供給の減少だ。需要に比べて供給が少なくなれば、当然、モノの値段は上がっていく。

――各国で大盤振る舞いされた給付金がカネ余りにつながりインフレを起こしたともいわれます。

欧米のコロナ給付金が需要の増加要因かどうかは、実はよくわかっていない。マネーサプライの増加がインフレを招いたのかというとおそらく違う、と私を含め多くの研究者が考えている。もう1つ、各国の積極的な財政支出による債務の急増がインフレの原因ではないかという見方もある。研究者の間では、こちらは可能性がありそうだと考えられている。

ただ、お金が配られたのは2020年。欧米でインフレ率が上昇したのは21年だから、随分とタイムラグがある。やはり、インフレの原因は供給の減少だと思う。

政府・中央銀行の失敗

――各国の政府や中央銀行は、なぜコロナ禍でのインフレを予想できなかったのでしょうか。

コロナ禍初期には、命と生活を守るための政策が実行された。当時、供給面のボトルネックは主にサプライチェーンの混乱で、それはいずれ終わるとみられていた。しかし現実には、人が働かなくなるという現象が米国や英国を中心に起きた。モノに加え、労働供給も不足した。さらに接触回避の傾向から、消費の中身がサービスからモノにシフトした。

そうした状況は、政府や中銀が考えていたよりずっと長引いており、消費者物価指数の上昇率が１０％を突破した国もある。さすがに放置できなくなって、２０２２年には各国の中銀が金融引き締め、利上げを始めた。欧米の中銀はコロナ対応に失敗したといえる。

――日本銀行も初期からの対応を誤ったのではありませんか。

日本の物価はコロナ禍で非常に珍しい動きをしてきた。2022年10月の消費者物価指数の上昇率は3・6%で、世界的に見れば決して高くない。原材料の輸入価格が上がり続ける中で、日本のインフレ率がそれほど上がっていないのは、企業が値上げに対して臆病だからだ。値上げ嫌いの消費者の反発を恐れ、価格転嫁が進まない。

日銀はこれまで多くの失敗をしてきたが、今回の世界的なインフレの中で金融引き締めをしなかったことについては、今のところ失敗ではない、と私は思っている。

――食料品を中心に、日本でも物価が上がってきました。23年以降どうなるのでしょうか。

物価上昇は2023年も続くだろうが、シナリオは2つある。

そもそも日本は1995年ごろからずっと、物価が上がらない国だった。そしてもう1つ、長らく変わらなかったものがある。賃金だ。これまでは、賃金も物価も上がらない経済だったのだ。その両方とも変わらないなら、消費者にとってはある意味で、ちょうどいい落ち着きどころではあった。ところが、そのバランスが崩れてきている。物価が上がり始めた。一方、賃金は上がっていない。

1つ目のシナリオは、賃金が上がらないまま物価がどんどん上がっていくというものだ。当然、実質的な賃金は減り、消費者の購買力は下がっていく。個人が消費を切り詰めれば、GDP（国内総生産）も落ちる。厳しい経済だ。

2つ目のシナリオは、もう少し希望が持てる。物価の上昇に合わせて、賃金を上げる。それによって日本経済の悪い部分を根本的に直していくというものだ。消費を大幅に減らす必要はないし、GDPも大きくは下がらない。

日本が抱えてきた問題は、物価と賃金がまったく動かないこと。それが是正されれば、いよいよデフレから脱却できる。デフレ脱却がなされれば、日銀は自然の流れで利上げを行うだろう。利上げによって、収益を上げられないゾンビ企業が淘汰され経済は活性化していく。金融も正常化する。

どちらのシナリオが現実になるか。境目となるのが賃金だ。2023年の春闘で賃金が上がるかどうかが今後の日本経済を占うカギになる。目先のことにとらわれた経営者は賃上げを渋るかもしれないが、それは1つ目のシナリオ、衰退への道にほかならない。今こそ、皆がマインドを変える必要がある。

賃上げは不可能ではない

――賃金は上がってほしいものの、物価が上がることへの恐怖はそう簡単に消えないように思います。

日本人の値上げ嫌いは根深いものだと思っていたが、今、それが変わりつつある。私たちが2022年5月に実施した一般の消費者へのアンケート調査では、今後、物価が上がると予想する人の割合がこれまでにない高さだった。今はまだ諦め交じりにしぶしぶ物価上昇を受け止めている段階だろうが、それでも大きな変化だ。

日本ではインフレ予想、つまりモノの値段が先々どうなるかの予想が異常に低かった。その状態を今、脱しつつあるのだ。

物価上昇は、賃上げを求める際の大義名分にもなる。物価が動かない状況で賃上げを求めてきたこれまでとは訳が違う。2023年春闘では働く人一人ひとりが、物価が上がるという認識の下で、「自分の賃金を自分で勝ち取る」という信念を持つことが重要だ。

連合は5%の賃上げという目標を掲げているが、それは決して実現不可能な数字ではない。海外ではもっと大幅に賃金が上昇している。賃上げの原資をどうするのかと聞かれることが多いが、値上げをセットで考えるとよい。賃上げの原資を自社商品の値上げによって確保するという考え方だ。中小企業も含めて、日本の賃金は上げられる。

（聞き手・山本舞衣）

渡辺　努（わたなべ・つとむ）
1959年生まれ。東京大学経済学部卒業。日本銀行勤務、一橋大学経済研究所教授などを経て、東京大学大学院経済学研究科教授。米ハーバード大学ph.D. 専攻は、マクロ経済学、国際金融、企業金融。

「付加価値を上げる努力を日本企業はもっとすべきだ」

ファーストリテイリング会長兼社長・柳井　正

コロナ禍からの経済回復の途上で、原材料高や円安が進み、国内の物価上昇が一般消費者の生活を圧迫している。低価格衣料チェーン「ユニクロ」を展開するファーストリテイリングの柳井正会長兼社長に日本企業の今後の課題を聞いた。

――今の日本の問題点を挙げるとすればどんな点でしょうか。

日本の財政は国債頼みで、いってみれば国の財産だけではなく民間の財産を担保に国が借金をして、それを分配している状況だ。これだけ借金して持った国はない。

こういうときこそ企業や個人がしっかりしないといけない。日本だけで考えず、世界の中の日本として、日本が成長する政策をやってくれる政治家を選ばないといけない。でもそういう政治家はいない。みんな分配の話しかしない。

国に頼ることはもうやめよう。カネを分配してもらうのではなく、日本企業が世界で稼ごうと思わないと。世界には簡単に出られる。とくに中小企業や零細企業。日本だけで考えないほうがいい。日本の中だけでは将来はない。

――急速に円安が進んでいますが、柳井会長は以前から円安に否定的な発言をしています。

円安は良くない。日本は多くのものを海外から輸入している。とくに生活者にとっては影響が大きく、円安で喜ぶ人は少ない。通貨の価値が下がり、インフレになっている。しかも賃金はアップしていかず、現状は最悪だ。今の金融政策を続けている以上、なかなか円高になる要素がない。円安を是正しないと日本は潰れる。

労働生産性が低すぎる

――現在、物価高が進んでいます。

物価高は始まったばかり。すべての原材料価格が上がっている。企業もインフレになってくると、賃金を上げざるをえないだろう。それも全部コスト高になる。

――ユニクロでも一部商品の価格を上げました。消費者にどのように受け止められるでしょうか。

消費者にどういうふうに受け止められるかというよりも、値上げしないと食っていけない。今までどおりのプライス（価格）で売るために、粗利を下げて経費を削るか、値上げして売るのかという選択になる。でも原価が上昇している中で、値上げせずに自己努力で吸収すると、さらに儲からない企業ばかりとなり、結局賃金も上げられない。生活水準がもっと下がる悪いスパイラルに入ってしまう。

――日本でなかなか賃上げが進まない理由は何でしょうか。

企業努力して付加価値を上げようと思っていないところがいちばんの問題だ。お客さんにとっての付加価値ではなく、自分たち都合の付加価値になっている。

それと労働生産性の低さも問題だ。あらゆることに関して人手がかかりすぎている。これだけ人手をかけている先進国はない。国内の生活水準を上げるためには、1人ずつの生産性をもっと上げることと、付加価値が取れるような商品を作らないとダメだ。

――自分たち都合の付加価値とはどういったものですか。

アパレルでいうと、流行ばかり追いかけるとか、あるいは華美で余分な要素を服に付け加えるとか。ベーシックでありクラシックなものであれば、年齢に関係なくいつの時代でも着られる。それが僕はいちばんいい服装だと思うのだけど、そういうふうになっていない。

――アパレル業界ではサステイナビリティーが重要な課題です。

サステイナビリティーについては最も重要なテーマだ。売れるものだけを作る、売れるか売れないかわからないものは作らないという流れになっていくのではないか。ただ、現状でいうと、多めに作ってそれを売りつくすという形になっているところばかりだ。
欧州では「会社としてサステイナビリティーを何かやっていますか」とまず聞かれる。生産国の中国やベトナムでも環境基準、労働基準が厳しくなっており、それをクリアしないと新しい工場は造れない。むしろ日本のほうが工場の環境基準や整備が遅れている。

――日本が遅れている理由は。

古い企業が多くて、設備も古いところが多い。それと企業経営の仕組みができていないので、すごく労働生産性が低い。さらに中国と比べても労働環境が悪い。その要因は、儲かっていないこと。いい環境をつくるというところに関して投資する余裕がない。

うちでも自動縫製する実験的な工場を造っている。自動縫製やコンピューター、ロボットを使えばもっと簡単にいい服ができるかもしれない。そういう方法を日本は考えないといけない。むしろ中国やアジアの優れた工場のほうがいい服を作っている。

外部に後継者はいない

――日本電産など、一代で会社を大きくした創業経営者の後継問題が注目されています。

僕は事あるごとに経営者はどうあるべきかという考えをいっている。付加価値を高めて賃金を上げ、今のインフレや円安に対応していかないと世界で生き残っていけない。経営者はグローバルな視点を持つだけではなく、成果を達成しないといけない。能書きを並べてもしょうがない。経営者は経営をやることでしか成長できない。

――後継者として、社内に「こいつは」という人はいますか。

社内でも人材育成がいちばんのテーマだ。苦労はしているが、そういう人は社内に何人も育っていると思う。そうでないと海外展開なんかできない。いちいちグローバル本社に聞きながらでは、正しい判断ができるわけがない。

――外部から探す選択肢は。

それは無理だ。日本電産会長の永守（重信）さんやソフトバンクグループ会長の孫（正義）さん、そして僕とかと一緒に経営していこうと思ったら、外から優秀な人が来ても、会社のことをよく知らない限り経営はできない。

例えば、自動車メーカーの経営をやっていた人間に小売業の服屋の経営ができるのか？　百貨店の人間がうちに来て経営できるのか？　僕はできないと思う。だから、うちで育てる以外にない。

（聞き手・岸本桂司、宇都宮　徹）

柳井　正（やない・ただし）

1949年生まれ。早稲田大学政治経済学部卒業。72年に父親の経営する小郡商事（現・ファーストリテイリング）入社。84年に「ユニクロ」1号店を出店し社長就任、世界的な衣料品チェーンに育てる。

【日本社会】

「大きな目で見れば今の状況は誤差の範囲だ」

立命館アジア太平洋大学（ＡＰＵ）学長・出口治明

６０歳でライフネット生命保険を起業、７０歳で立命館アジア太平洋大学（ＡＰＵ）の学長に就任するなど年齢や前例にとらわれない生き方を体現し続ける出口治明氏。２０２１年１月に脳卒中を発症するも、たった１年で復職を果たした。大病を経験しリハビリを続ける暮らしの中、出口氏の目に映る今の日本社会とは？

――ＡＰＵは海外から多くの留学生を受け入れています。新型コロナ禍で運営に変化はありますか？

さまざまな国の学生を「混ぜる教育」をやるという運営方針は何も変わっていない。

さらにこれからは次のステージ、社会の課題をみんなで考えて「解を出す」に取り組んでいく。

2022年9月末時点でインド、インドネシア、ラオス、バングラデシュなどアジアをはじめエジプト、タンザニア、サモアなど日本を含めて実に103もの国・地域出身の学生が学んでおり、目標としてきた100をこのコロナ禍にあって超えた。これだけ偏りなく多国籍の学生たちが集まって、一緒に学ぶことができる面白いキャンパスはほかにはない。

大学創立から20年ちょっとの間に、国連人権高等弁務官となったフィリピン出身の卒業生のほか、20人ほどの卒業生が国連関連機関で働いている。僕の夢は、今後20年以内に卒業生が多いインドネシアで大統領が出ることだ。

コロナ禍で海外出張や旅行に行けないなど、交流の形は従来とは変わってきた。ただ、以前からAPUでは世界中に散らばる卒業生たちがネットワークを構築しているので、ビジネス上でも電話1本で深いつながりでやり取りできる。以前から目指していた姿は何も変わらない。

さまざまな国の学生がコロナ禍で大きな影響を受け、対面での交流が少なくなる中でも大事なのは、学生が生き生きとした目をしていることだ。そのサポートがしたいと考えている。大学をもっとワクワクする場所にしていく。

気になるのは男女差別

——新しい暮らしに合わせて、リモートワークなど働き方が変化しています。

在宅でも仕事ができるメリットを知った以上、もう後戻りするようなことはないだろう。コロナ禍だろうと何だろうと、働き方について僕がいちばん気になるのは、「男女差」について。世界的に見ても日本は働き方における男女差別がひどい。

ただ、楽観もしている。何年かかるかはわからないけれど、ビジネスパーソンの半分が女性になれば性差はなくなっていき、もっともっと活躍できる体制が整備されるだろう。そのためにはとにかく徹底したダイバーシティーとインクルージョンの推進と女性管理職の登用が必要だ。

同質な人たちばかりが集まって議論したところで、同じアイデアしか生まれてこない。米シリコンバレーでユニコーンがたくさん生まれたように、懸け離れた既存知が組み合わさって、これまでに考えられなかったようなイノベーションが起きる。

少子高齢化の問題もそうだ。歴史を振り返って見れば、この80年ほどの間に2回のベビーブームがあり、たかだか50年ほど前には一時的に赤ちゃんが急増している。50年の中で少子高齢化が起こったと考えると、また50年後には反転して子どもの出生が増えるということもありうるかもしれない。これからどんな日本をつくっていくのか次第で、僕は楽観している。

解像度を上げて見る

――コロナ禍によるさまざまな影響については、どのように感じていますか?

コロナ禍は、いつかは終わる。僕はいつも歴史的に考えて答えを出すようにしている。1918～19年、スペイン風邪による世界中の死者数は2000万～

5000万人と推定されている。コロナによる死者数は3年ほどで664万人だ。

僕が歴史について話すときは人類5000年という「大きい目」で見る。5000年という大きな流れの中で見ると、コロナ禍もロシアのウクライナ侵攻も解像度が上がって見える。

5年くらいのスパン、つまり「小さい目」で見ると、「ウラジーミル・プーチンは何を考えているんだ、世の中大変なことになった！」と感じる。もちろん、戦争には反対で早く終わってほしいが、短期的な見方をすると悲観的な考えしか浮かばず、物事の本質が見えなくなることがある。

プーチンは今、70歳。頑張ったとしてもあと10年ほどか。その後、死んでしまったら何もできない。20年後、30年後には「プーチンという人物がいたね」というくらいのことになる。

人類の歴史の中にはプーチンくらいの人物はたくさんいて、その時期、とある地域で大きな権勢を振るっていたが、長い歴史上、それほどの影響は残していない。そういった人物と、死後にも残るグランドデザインを描けるリーダーの違いは、大きな目で解像度を上げると見えてくるものだ。

――ところで、出口さんは大病を経験され、現在も体と言葉のリハビリを継続しながらAPU学長として勤務も続けています。人生観や価値観に変化はありますか?

不思議と何も変わらない。1年間の休職中も早くAPUに戻りたい、そのことばかり考えてリハビリに取り組んだ。脳卒中を発症して障害が残ると、僕くらいの世代の多くの患者さんは復職を諦め、ふさぎ込んでしまうこともあるようだ。ただ僕は、数字、ファクト、ロジックでいつもどおり考え、人生を悲観するようなことも、価値観が変わることもなかった。いずれよくなるだろうとリハビリに前向きに取り組んだ。

僕は今74歳。病気にならなかったとしても、体を鍛えたとしても年齢とともに体力は落ちていく。脳卒中によって落ち幅は広がったが、誤差の範囲。僕の一生の中で考えたら大した差はない。そんなことでは僕の死生観も変わらない。自分の体に障害が残った事実をありのままに捉え、その変化に適応するだけだ。

(聞き手・ライター　中原美絵子)

出口治明（でぐち・はるあき）

１９４８年生まれ。７２年、京都大学法学部卒業後、日本生命保険入社。英ロンドン現地法人社長、国際業務部長などを経て２００６年退職。その後、ネットライフ企画（現ライフネット生命保険）創業。１８年から現職。近著に『一気読み世界史』（日経ＢＰ）。

安全保障の現実直視し「一国平和主義」脱却を

防衛省防衛研究所主任研究官・千々和泰明

戦後日本の安全保障政策は長らく、日米安全保障体制を維持しつつ、漸進的な防衛力整備を進める、というものだった。またそこでは、憲法第9条による厳しい制約が課されてきた。典型的なのは「集団的自衛権行使違憲論」である。

しかし中国の軍事的台頭や、北朝鮮の核能力向上、さらに米国の対外関与の後退という長期的趨勢は、日米同盟強化や、その中で日本がより大きな責任を引き受けることの必要性を高めた。個別的自衛権のみで日本の安全が守られる、とする考えは過去のものとなった。この点についてなされた改革が、第2次安倍晋三政権の下で進めた平和安全法制の成立（2015年）であった。これにより、「存立危機事態」における集団的自衛権の行使が限定的に容認されることになる。

ただ、従来は日本自身に対する武力攻撃の発生時に許されていた自衛権の行使を、その前段階でも認めるようにしたにすぎない。これにより、今ある自衛隊の装備や予算が増えるわけではなかった。

ところが2022年には日本の隣国たるロシアがウクライナに侵攻するなど、日本を取り巻く安全保障環境はさらに厳しさを増した。集団的自衛権行使の限定容認のような「安上がり」な改革だけでは、もはや日本の安全を守れなくなってきている。長射程ミサイルなど反撃能力の保有や防衛費増額など、コストを伴うけれども防衛力の中身そのものを強化するための施策が必要になっている。

極東1905年体制とは

ではその先に日本は安全保障のうえで何を目指すべきなのかを、歴史を俯瞰して考えたい。一言でいうと、それは「極東1905年体制」といえる地域秩序の維持だ。

実は日本を取り巻く戦略的・地政学的環境は、ここ1世紀以上ほとんど変わっていない。その環境とは、日本と朝鮮（少なくともその南部）、そして台湾が同一陣営にグリップ（関係維持）されてきた、というものである。

その起源は1905年に日露戦争の講和条約としてポーツマス条約が結ばれたことにある。このとき、日本が朝鮮で優越権を保持することが国際的に承認されたといえる。また、すでにこれに先立つ1895年から、日本は台湾を統治していた。日本・朝鮮・台湾を安全保障上グリップさせておくことが、20世紀初頭以来のこの地域の秩序の基本形態である。

確かに、そのような秩序のパワーの面での担い手は、戦前の日本帝国から戦後は米国に変わった。またその形態も日本帝国による「強制」から、戦後これらの国や地域による米国の防衛コミットメントへの「同意」へと変化したという違いもある。それでも、地域秩序のあり方そのものは大差ない。日本は、韓国や台湾と同一陣営に属することで、自国の安全を確保してきた。またこれにより、極東に「力の空白」が生じたり、域内紛争が起こったりすることが回避されてきた。

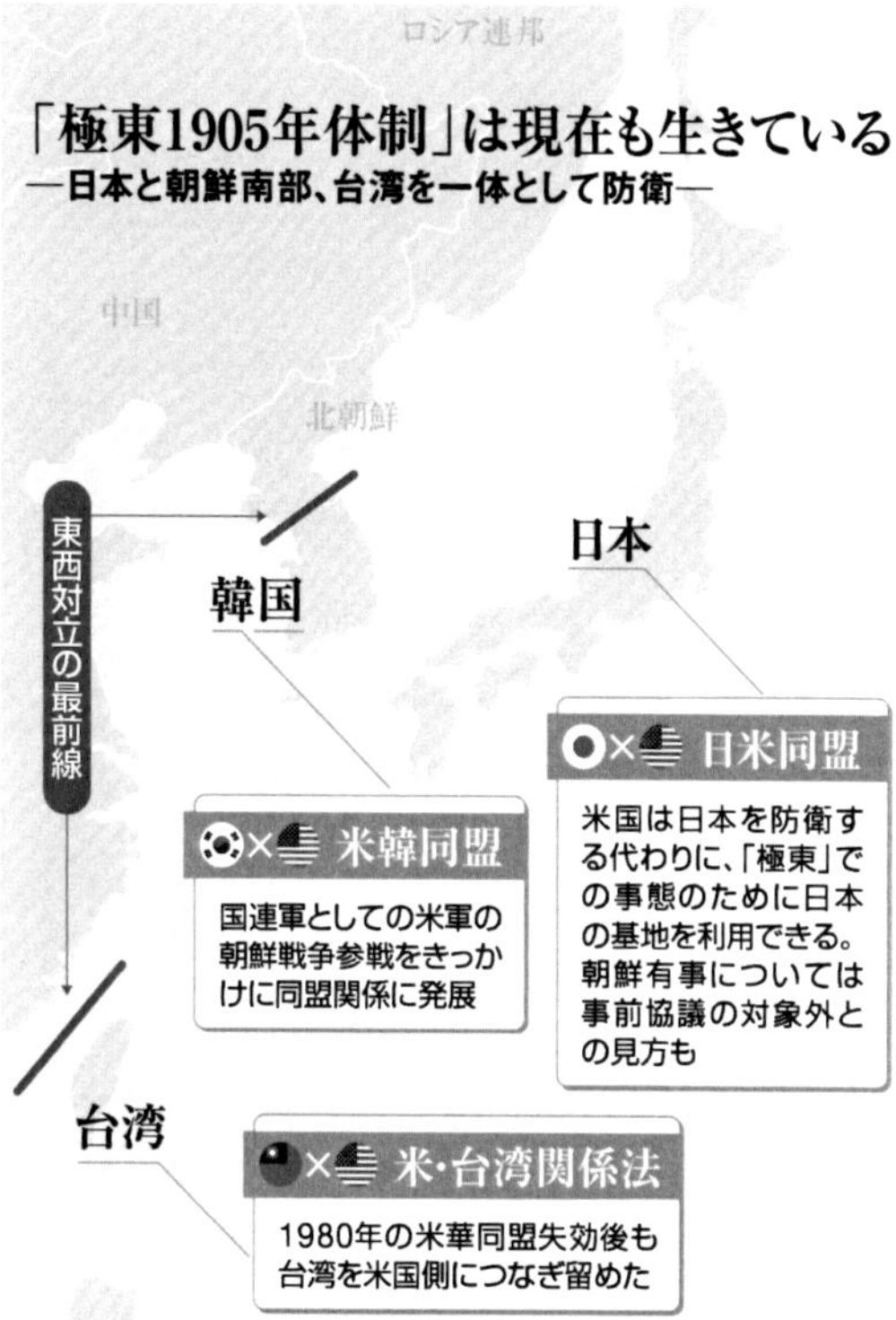

ロシア連邦
「極東1905年体制」は現在も生きている
―日本と朝鮮南部、台湾を一体として防衛―
中国
北朝鮮
東西対立の最前線
日本
韓国
日米同盟
米国は日本を防衛する代わりに、「極東」での事態のために日本の基地を利用できる。朝鮮有事については事前協議の対象外との見方も
米韓同盟
国連軍としての米軍の朝鮮戦争参戦をきっかけに同盟関係に発展
台湾
米・台湾関係法
1980年の米華同盟失効後も台湾を米国側につなぎ留めた

(注)千々和泰明著『戦後日本の安全保障』を基に東洋経済作成

こうした地域秩序の維持を戦後においても可能にしたのが、アジア太平洋地域における米国を中心とする「ハブ・アンド・スポークス」（中心の核と、そこから放射状に広がった線）型の同盟網だ。日米安全保障条約は、米軍が日本の基地を日本防衛だけでなく「極東」有事のために使用することを認めている。とくに朝鮮有事については、在日米軍は日本政府と事前に協議することなく直接紛争に軍事介入できるとする、日米両政府間の「密約」も存在した。台湾も日米安保条約上の「極東」の範囲内である。日米同盟は、それだけで国際政治の中に自己完結的に浮遊しているわけではない。「極東1905年体制」という地域秩序と結び付く形で存在する、米国を中心とした極東における安全保障システムの一機能なのだ。

つまり日本の安全保障政策にとっての歴史を俯瞰したときの「ベストシナリオ」は、ここ100年以上続く極東地域秩序の安定だ。

問題は、このような戦略的・地政学的現実と戦後日本の安全保障観の相性が極めて悪いことである。戦後の日本では、いわゆる「一国平和主義」が定着してきた。日本と日本以外の間で「線引き」ができる、との前提に立ち、日本の責任と関与は前者のみに限定すべきだ、とする独特の安全保障観である。

例えば、朝鮮・台湾有事などの「重要影響事態」において、自衛隊は軍事行動を取る米軍に対し後方支援が可能だが、その範囲は「他国が現に戦闘行為を行っている現場ではない場所」に限定される。自国への攻撃と、自国と密接な関係にある国への攻撃をことさらに峻別し、後者のケースでの自衛権行使を憲法違反とする集団的自衛権行使違憲論も一国平和主義と密接な関係にある。そして平和安全法制成立後も、集団的自衛権の行使は存立危機事態に限定されている。

しかし、一国平和主義で国は守れないことは、集団的自衛権で守り合うNATO（北大西洋条約機構）加盟諸国と非加盟国のウクライナがたどった違いを見れば明らかだろう。2022年の北朝鮮による弾道ミサイル発射数は史上最多となり、脅威は日に日に増している。韓国も、保守政権の基盤は盤石ではなく、将来的に中国に傾斜する可能性もささやかれる。それだけではない。中国が台湾の武力統一に乗り出せば、単なる一時の局地戦争にとどまらない。これまで日本を庇護してきた、地域秩序そのもの崩壊を意味するのだ。

「極東1905年体制」から韓国が離脱したり、台湾が失陥したりしてからでは手遅れだ。さらに「ワーストシナリオ」として、台湾失陥後、尖閣諸島・与那国島が中国軍に占領され、かつそのような状態のまま、国際社会が日本に防衛出動の中止と休戦を求めてくるケースも考えられないわけではない。

「他国の有事に巻き込まれなければいい」という一国平和主義を取り続ける限り、いつか日本は地域の中で丸裸になりかねない。

千々和泰明（ちぢわ・やすあき）
大阪大学で博士号（国際公共政策）を取得。『戦争はいかに終結したか』で22年度の石橋湛山賞を受賞。

【気候変動】

化石燃料廃止・削減が焦点　見せかけの対策に厳しい目

WWFジャパン　専門ディレクター・小西雅子

2022年にエジプトのシャルム・エル・シェイクで開催されたCOP27（国連気候変動枠組条約第27回締約国会議）では、岸田文雄首相が参加を見送るなど、日本の存在感は乏しかった。

皮肉なことに唯一目立ったのは、1800を超える世界の環境NGO（非政府組織）のネットワーク「CANインターナショナル」によって地球温暖化対策に後ろ向きの国に贈られる、不名誉な「化石賞」を受賞した場面だった。米国のNGO「オイル・チェンジ・インターナショナル」が各国の化石燃料関連への公的支援について調査したところ、日本が世界で最も多く化石燃料関連事業に公的支援を拠出している国であることが判明したのが理由だ。国際協力銀行など公的機関による石炭や石油、天然ガス事業への投融資額は2019~21年の3年間の平均で年約106億ドルに上り、世界最多だった。

COP27の合意文書に反映されなかったため日本ではほとんど報道されていないが、エネルギー安全保障への不安が世界中で高まる中でも、世界は石炭火力発電のみならず石油や天然ガスなども含む化石燃料開発・利用全体の段階的廃止・削減をも検討する局面に入っている。そのことはCOP27での議論で明らかになっている。

石油・ガスを含む化石燃料の抜本的削減が再び主要テーマに

―気候変動問題に関する国際交渉の歩みと主な出来事―

開催年	COP開催回（開催場所）	主な合意事項や主要な出来事
2015年	COP21（フランス、パリ）	パリ協定を採択、今世紀末までのなるべく早期の脱炭素化で合意
16年	COP22（モロッコ、マラケシュ）	米国（トランプ政権）がパリ協定から離脱宣言（離脱は4年後）、パリ協定が発効
18年	COP24（ポーランド、カトヴィツェ）	パリ協定のルールブック（実施指針）を採択予定だったが、残されたルール（第6条）などで合意できず先送り
19年	COP25（スペイン、マドリード）	各国の2030年温室効果ガス排出削減目標の強化を要請、残されたルールの合意はさらに先送り
20年	新型コロナ禍のため延期	米国（バイデン政権）がパリ協定復帰
21年	COP26（英国、グラスゴー）	パリ協定の長期目標を、平均気温上昇1.5度に事実上強化、石炭火力発電の段階的削減で合意、パリ協定が完成（6条など残るすべてのルールに合意）
22年	COP27（エジプト、シャルム・エル・シェイク）	「損失と損害」に関し基金設立に合意、脱炭素目標強化では合意できず
23年	COP28（アラブ首長国連邦、ドバイ）	石油・天然ガスを含む化石燃料エネルギーの段階的廃止・削減が焦点の1つに

（注）COPは気候変動枠組条約締約国会議の略称　（出所）筆者作成

インドが化石燃料で提案

２０２２年はパキスタンで大洪水により国土の3分の1が水没したのをはじめ、アフリカ東部も過去４０年で最悪といわれる干ばつに見舞われるなど、世界各地で大災害が多発した。科学の進展で、こうした自然災害が地球温暖化によって深刻化していることが明らかになり、どの国にとっても被害の増加は脅威となっている。

迫る気候危機を前に、化石燃料全体が見直しのターゲットになっているのだ。ここではＣＯＰ２７における化石燃料をめぐる激しい交渉に焦点を当て、２０２３年の動向を予測し、日本企業への示唆としたい。

２０２１年に英国グラスゴーで開催されたＣＯＰ２６では、パリ協定の長期目標である産業革命以降の世界の平均気温上昇の許容幅をそれまでの2度から1・5度に強化し、石炭火力発電を段階的に削減させるという画期的な決定があった。

続く今回のＣＯＰ２７では、前回、石炭火力発電の段階的廃止に最後まで強く反対し、最終段階で「段階的削減」に合意文書の表現を弱めさせた張本人のインドが「対策のされていない」との留保条件付きでありながら、石油や天然ガスも含む「化石燃料」について段階的削減を1週目から2国間交渉などで他国に提案した。

もともと段階的廃止を主張していた小島嶼（しょうとうしょ）国連合やコロンビアなど気候変動対策で先進的なラテンアメリカ諸国連合のみならず、2週目からは欧州連合（EU）も賛同の輪に加わり、最終的には米国も支持。化石燃料の段階的廃止・削減に賛同する国の数は80カ国まで膨れ上がった。しかしアラブ諸国などが強く反対し、議長国エジプトも段階的廃止の論調を重視しなかったため、COP27決定の文言は前回と同様の「石炭火力発電の段階的削減」にとどまった。

一方でCOP27決定には史上初めて「再生可能エネルギー」という文言が入った。すなわち、「前代未聞のグローバルなエネルギー危機は、再エネへのクリーンで公正な移行を含む、より信頼できるエネルギーシステムへ急速に転換させていく緊急性を強調した」（筆者訳、一部省略）のだ。

さらに2050年までに温室効果ガス排出ネットゼロを達成するには、30年までに再エネに年間4兆ドルもの投資が必要であることにも言及があり、再エネが脱炭素化とエネルギー危機の同時解決へのカギであることが強調された。

化石燃料の段階的廃止・削減の合意には失敗したCOP27だが、このエネルギー危機の中にあっても化石燃料からの脱却に先進国・途上国問わず支持が広がり、再エネへの期待が拡大しているのは印象的だった。次のCOP28は、化石燃料の本拠地アラブ首長国連邦で開催され、まさにエネルギー問題をめぐる議論が主要なテーマとなる「エネルギーCOP」の様相を呈するだろう。化石燃料の段階的廃止・削減はさらなる大きなうねりとなることが予想される。

アンモニア混焼では駄目

なお、COP27での議論の焦点となった化石燃料の廃止には「対策のされていない」（unabated）という冠が付いている。すなわち「対策をしていればよい」という解釈もできる。しかしIPCC（気候変動に関する政府間パネル）の最新の評価報告書によれば、「対策」とは、例えば火力発電の場合、「化石燃料の生産や使用などを含むライフサイクルベースで90％以上の温室効果ガスを削減したもの」と定義されている。その点では、日本が進めようとしている石炭火力発電への20％のアンモニア混焼は求められる水準を満たさない。

さらにCOP27の期間中に、国連のグテーレス事務総長の主導で、「ネットゼロ」に関する提言書が発表されたが、そこでは「企業は自社の削減目標にカーボンクレジットを使用してはならない」と明記された。すなわちクレジット（排出枠）を他社から購入して排出量をオフセット（相殺）することで「カーボンニュートラル」をうたうこと自体が、「グリーンウォッシュ」（見せかけの環境配慮）と見なされる可能性が高い。

日本は2023年、G7の議長国として脱炭素化の取り組みでも世界をリードする責務を担う。炭素税などカーボンプライシングの本格導入や電源の脱炭素化を進め、世界の先頭に立つべきだ。

小西雅子（こにし・まさこ）
米ハーバード大修士、法政大博士（公共政策学）。昭和女子大特命教授。専門は気候・エネルギー政策。

【テクノロジー】

「新たなネットの秩序が必要　ウェブ3はその『光明』になる」

ハーバード大学ロースクール教授・ローレンス・レッシグ

ＧＡＦＡＭ（ガーファム）と呼ばれる巨大ＩＴ企業の寡占化は私たちの社会に何をもたらしたのか。ブロックチェーン技術で実現する分散型のインターネット「ウェブ3」は、現状を変革する可能性があるのか。11月上旬に来日した米国の著名な法学者、ハーバード大学のローレンス・レッシグ教授に聞いた。

――インターネットにおける秩序のあり方を観察してきた代表的な識者として、GAFAMのような企業が大きな力を持つ今の状況をどのように捉えていますか。

既存のビッグテックは米国社会、そして世界中の社会に対して、巨大な問題を生み出している。グーグルやメタ（旧フェイスブック）が収益の柱とする「広告」という単一の支配的なビジネスモデルが、（企業と消費者を結び付ける）エンゲージメントベースのソーシャルメディアにつながり、それが私たちの心理を利用して、ますます社会的に破壊的な行動を取るように仕向けているのだ。

私たちは今、政治的に二極化している。それはメタのような企業が、人々を二極化させ怒りを誘発するようなコンテンツを提供し、より多くの人々がそれに関与するようにしているからだ。このビジネスモデルは、社会に対して莫大なネットワーク外部性（＝同じ財・サービスを消費する個人の数が増えれば増えるほど、その財・サービスから得られる便益が増加する現象）を持っている。

――ウェブ3が目指す秩序は、GAFAMが支配していたものとは違うものになるのでしょうか。

そうなるだろう。ウェブ3のビジネスモデルがどうなるのか、誰も明確な答えを持っていない。しかし、はっきりしているのは、参加する主体がより多様になるということだ。ウェブ3が組織化やガバナンス、契約のコストなどを下げることができれば、GAFAMが独占する既存の技術インフラへの大きな対抗軸になる。

恐ろしいマスクの買収

今後10年で、われわれは根本的に異なるウェブやインターネットを見ることになるだろう。誰も確実な予測をすることはできないし、その根拠を持ちえない。しかし、私はウェブ3がその可能性であると信じている。

――イーロン・マスクがツイッターを440億ドルで買収し、その後大規模なレイオフを行いました。彼はツイッターの言論空間をうまく管理できるのでしょうか。

マスクがツイッターを買収したのは恐ろしいことだ。彼が権力者に必要な規律を示していないからだ。世界一の金持ちである彼は、ロケットのことも電気自動車の技術開発のことも知っているはずで、そこでの仕事は尊敬に値する。とくにテスラはすばらしい会社だ。しかし、彼が言論の自由について語るのは聞いていられない。

マスクは（AI倫理や投稿管理などの部門を対象にレイオフを行ったことなど）何が問題になっているのか、ツイッターが今やるべきことを理解していない。

米民主党のアレクサンドリア・オカシオコルテス下院議員は最近、マスクに批判的な発言をするようになったら一部の機能が動作しなくなるなど、自分のツイッターに影響が出たと報告している。批判されると報復する権利があると感じるのは、こうしたハイテク億万長者たちの顕著な特徴だ。


それはツイッターだけでなく、アマゾンでも同じだ。アマゾンを批判すると出版社や著者が不利益を被ることはよく知られている。

以前、アマゾンへの批判を含んだ私の本が出版されたとき、その本は24時間以内に配達される約束だったのが、6週間かかる本になってしまった。私の本に限らずこの出版社の本はすべて、アマゾンを批判した会社に対する罰として、アマゾンによって6週間の配達予定にされてしまった。

力のある人々が、自分たちに批判的な人に対して力を行使できると信じているというのは恐ろしいことだ。私が恐れているのは、マスクも同じような動機を持っているのではないかということだ。もしそれが本当なら、ツイッターはどうなってしまうのだろうと心配になる。

ＥＵ当局の規制も不十分

――ビッグテックに対する規制については、ＥＵ（欧州連合）が従来、厳しい姿勢を取っています。

米政府が何もできないことを嘆いている私としては、欧州の人々が何かをすることができるという事実を称賛している。しかし、彼らが行うことはしばしば的外れだったりする。

今日、多くの人がこの点を体験しているのは、ウェブページにアクセスするたびに小さなクッキーボックスがポップアップし、ＥＵが作成したＧＤＰＲ（一般データ保護規則）に従ってクッキーに同意するよう求めるやり方だ。まるでそれが誰かのプライバシーの保護になるかのように、また誰かに言われたことを理解する能力があるかのように。しかし私たちは、ここに何か重要なことがあるふりをするという、この「歌舞伎劇場」のような経験を余儀なくされているのだ。

今のインターネットの根本的な問題は、エンゲージメントのビジネスモデルだ。EU当局の規制は一時期、子どもに対する広告の文脈でそこに近づいたが、結局は踏み込むことができなかった。

私たちにできることはある。例えば「エンゲージメント税」だ。顧客とのエンゲージメントの度合いに応じて、ある時点で規制当局が課税を強化するというもの。そうすれば核心的な問題に対処できるのではないだろうか。

——過剰なエンゲージメントは政治にも悪影響をもたらします。

米国の社会分断は深刻だ。（テレビ局などを含め）メディア基盤が、人々に真実を伝えるよりも、人々が聞きたいことを伝えるのに重点を置いている。メディアは陰謀や狂気の沙汰に駆り立てるような考えを持ち、人々が空想の世界に生きることを許している。

メディアの性格を打破する方法を見いださない限り、民主主義を回復させる方法について楽観的な話はできない。民主党は少なくともそのための考えを持っているし、米国民が変化を支持するように説得できるかもしれない。

(聞き手・二階堂遼馬)

ローレンス・レッシグ(Lawrence Lessig)

法律とリーダーシップを専門とし、「制度的腐敗」(合法でありながら、ある制度に対する国民の信頼を弱める関係、とくに民主主義に影響を与える関係)について研究。米ペンシルベニア大学で学士号、英ケンブリッジ大学で哲学修士号、米イェール大学で法学博士号を取得。

【テクノロジーと教育】

「妄想力を思い出させる教育で未来担う人材を育む」

近畿大学　情報学部　学部長・久夛良木　健

2022年4月に開学した近畿大学情報学部。学部長を務めるのは、「プレステ（プレイステーション）の父」として知られる久夛良木健氏だ。「教育そのもののあり方が、子どもたちの想像力や妄想力をそいでいるのでは」と話す真意とは。

――自ら教壇に立つ「久夛良木ゼミ」はどのような内容ですか。

Web3、メタバース、自動運転などのテーマを設定し、その領域でどんな技術が提唱されていて、今どこまで来ているか、近未来はどこまで行きそうか、というのをまず1週目で私から話す。その翌週に、この技術でどんなことをしてみたいかなど、学生に意見をいわせる。その組み合わせで行っている。目的は、子どもの頃にあったはずの想像力や妄想力を〝思い出させる〟こと。目下世界で起こっていることを、具体的事例を含め、ライブ感を共有しながら学ぶことを重視している。

疑問があればその場で私に聞くのもいいけど、本来は自分で考えて自分で調べないといけない。このゼミはそれを行えるようにする訓練でもある。まだ世界に答えがない疑問だってある。だったら自分でこうつくろうか、みたいに考えられるようになってほしい。

――当初から計画されていたゼミではないそうですね。

(大学側から)どうしてもほかにはない情報学部をつくりたいと依頼される中で、自分なりに伝えたいことがいっぱいあるので、イノベーションを軸にゼミをやることになった。文部科学省に届けている授業ではないので単位は出ないし、自由参加だけど、学生が面白いと思ったら来るだろうと。実際、多くの学生が集まっている。

4月から回を重ねる中で、学生たちも変わってきた。最初は、マイクを向けても最後の最後まで沈黙していた。でも今は、順々にマイクを回せば皆、自分なりの意見や疑問を話せるようになった。テクノロジーって面白いと思い始めているのだと思う。

――どういう教育をつくりたいという思いがありますか。

今の受験戦争は、基本的に記憶をベースとする試験に通らないといけない。ただそこでは、覚えた物事に対してどういう意見を持つかは問われない。ここにフラストレーションがあった。教育そのもののあり方が、子どもたちの妄想力をそいでいるんじゃないかと。

今大学に入ってくる学生の両親たちも、日本経済が陰り始めてから社会人になった人が大半。自分たちの時代って何だったのか、今後どうなるのか、ちょっと想像できない方が多い気がする。学生たちと話をしていると、親に相談しても「自分たちにもよくわからない」みたいなところがあると。以前は、親に相談したら「きっとこうだろう」とか「それは少し違う」とか、答えが正しいかはさておき、具体的にアドバイスする世代が多かったのではないか。

僕は企業の中でもそういう今の親御さん世代と接しているが、やはり最新技術や新たなビジネスの機運を目の前にしても、そこで何をしていいかわからないという状態が多い。自分自身、ソニーでテクノロジードリブンな事業開発をリードしてきた立場からすると、なんで皆もっと挑戦しないのか、もったいない……と感じる。

世界の先頭を走っていたはずの日本が毎年競争力ランクを落としている中で、教育に立ち戻って始めないといかんよね、と。未来を担う人たちを育てたいし、その現場に僕みたいな異分子が加わることでさらに〝発火〟するんじゃないかと思っている。

先生と学生がともに学ぶ

――「久夛良木ゼミ」以外のカリキュラムにも、そういった問題意識に基づいた工夫を盛り込んでいるのでしょうか。

教えなければならない基本的な範囲は文科省の指針でほぼ決まっている。基礎的な技術の学びについてはそれでいい。ただ、研究室に入るときになってやりたいことが見つからないというのでは残念だ。あらゆる機会を通じて次世代を担う若者たちに伝えていきたい。

現在の日本では3年生までは座学的な学びをし、4年生から大学院にかけて各自の研究に移行する流れだが、最先端技術を牽引していくにはちょっと遅い。米シリコンバレーでも中国でも、新規領域への挑戦に前向きな学生たちは学部生時代から研究室に参画したり、一度休学してでも新規ビジネスを立ち上げようとしている。

――理想に近づけるために、何が必要でしょう?

まずはそういったスタイルに合う教員を増やすことだろう。最先端のイノベーションは必ずしも、過去の知識の延長線上にあるわけではない。これからは(従来の専門領域にとらわれず)世界中の情報を探索しながら、先生と学生がともに学び、新規ビジネスを誘引することも必要になるのではないか。例えばシリコンバレーだと、日本の大学と給与体系が違うこともあり、先生たちが(学生との共同ビジネスなどに)乗り出しやすい環境がある。

――2023年以降、情報学部をどう進化させますか。

これから仕掛けようとしているのは、学生がやりたそうなことを「まず自分たちで始めてみよう」というチャレンジだ。もちろん教員もサポートするし、わからないことが出てきたら海外の文献に当たってみるよう促してもいい。今は自動翻訳技術も上がり、言語の壁も昔に比べれば低くなっている。

自分たちの世界や世代を超えたコラボレーションの機会も充実させたい。プログラミングだけで実現できる領域は少ない。顧客の要望に合ったソリューションを開発するＳＩｅｒ人材の養成学校をつくりたいわけではないので、この点は重要な差別化だと考えている。

最先端の人工知能を活用してシステムを動かすには、フィジカル（物体や機械）の知見やそれに精通したエキスパートとの協業が必須になる。（キャンパス周辺の）大阪の町場にはいろいろな工場がある。昭和の時代から電化製品や自動車をつくってきた人と一緒にできるといいかもしれない。

僕の活動について話すと、「私も手伝いたい」と申し出てくれる人が少なくない。感受性の高い学生時代にこそ、自分たちで何かやってみようと踏み出す経験をさせたい。

（聞き手・長瀧菜摘）

久夛良木　健（くたらぎ・けん）

1975年ソニー入社。93年ソニー・コンピュータエンタテインメント設立。「プレイステーション」などを生んだ。2000年からはソニー取締役にも就任、07年に退任。09年にサイバーアイ・エンタテインメントを設立。スマートニュースなどの社外取締役も務めた。22年4月から現職。

【言論空間】

「わかりやすさに流されるな、必要なのは思考する時間だ」

哲学者　東京大学大学院教授・國分功一郎

ツイッターを中心とするＳＮＳ上の言論空間は、現実社会に多大な影響を与えるようになった。人々は大量の情報を浴びながらも多忙の中でじっくりと思考する時間を失っている。今後、言論空間や人々の思考はどうなっていくのか。東京大学大学院の國分功一郎教授に話を聞いた。

――ここ数年の私たちの行動や考え方の変化をどうみていますか。

コロナ禍で起こった行動や思考の変容がまったく新しいものだったかというと、違うように思う。それまでの社会にもジンワリとあった傾向が、パンデミックというきっかけを得て強力に加速した。

不要不急という言葉は他人との接触の回避を急激に推し進めた。これは例えば、健康を害するだけで生きていくために必ずしも要らないと見なされていたたばこ、酒、砂糖などの嗜好品が強く避けられつつあったことの延長線上で捉えることができる。

ある意見に対する社会の反応についても、同じことがいえる。メジャーな価値観に基づく正論によって批判されうる意見が、どこまでも排除される。その傾向が以前よりも強まった。例えば、以前は嗜好品を悪と捉える傾向に対して多少の反発が可能だったが、「健康を何だと思っているんですか」といわれれば何もいい返せない世の中になってしまっている。

外食産業や夜の街がコロナ禍で窮地に追いやられたこととも関係するように思う。それらの業態は確かに「不要不急」だったかもしれない。しかしそこには、余計だからこそ生まれる豊かさや人を救う力があった。多様性を受け止めていたそれらは、コロナ禍で真っ先に切り捨てられた。

僕は必要以上にものを受け取ること、つまり「浪費」は人生を豊かにすると考えてきた。コロナ禍で生存に必要なものが優先されたのは当然のことだが、社会が切り捨ててきたものについてもう一度考える必要があると感じる。

脱対面化がはらむ危険

――働き方やコミュニケーションの形態も大きく変わりました。

仕事や学校の脱対面化は、人間関係に大きな変化を与えた。これが今後完全に元に戻ることはないだろう。脱対面化は決定的な閾値（しきいち）を超えたのだと思う。もちろんよい面もある。時間制約のある人が働きやすくなったり、対面開催なら見送るほかないイベントに多くの人が参加できるようになったり。

一方で、脱対面化は危険をはらんでいるとも感じる。例えばオンライン会議では、本来じっくり議論するべきことがさっと流されたり、問題点が見逃されたりすることがある。対面で開催すれば参加者の反応や顔色を見ながら慎重に進められるはずのことが軽く扱われる。意見の割れそうな論点に関する決定をリモート会議で行おうとする動きには、注意が必要だ。

また、非対面では攻撃的な言葉がエスカレートしやすい。SNSに顕著だが、相手の生身の体に向き合った状況ではいえないことを画面には打ち込めてしまう。そこで拠り所とされるのは、わかりやすい「正義」だ。


――ウクライナ侵攻が始まって以降の傾向はどうでしょう。


21世紀の戦争の主役はドローンやサイバー技術だといわれていた。しかし実際にウクライナへのロシアの侵攻が始まったとき人々が目にしたのは、戦争には大量の地上軍が投入される、という僕らが昔からよく知る現実だった。

なお、この戦争は戦場で古典的な戦いが行われていると同時に、軍事力以外の要素も大きく影響して事態が展開している。SNSを通じた情報戦が大きな役割を果たしたこと、ウクライナのゼレンスキー大統領が世界世論をうまく味方につけたことは注目されてよい。

ツイッターはリアルタイムの情報収集に有益だが、拡散しやすいのは理解が容易で正当に見える強い主張や、インパクトのある画像・映像。全世界的な傾向として、ツイッターという言論空間が現実への強い影響力を持っているのは事実だし、人々の思考は今後もその影響を受け続けると思う。だが、瞬間的な反応の集積でつくられた言論空間だけを見て物事を判断するのは非常に危険だ。

ロシアのウクライナ侵攻が許されないものであることは間違いない。しかし、「僕らは今、ゼレンスキー大統領が情報戦に勝利した情報空間にいる」という意識はつねに必要だと思う。ロシアにもいい分があるといいたいのではなくて、僕らがある傾向の中で情報を受け取っていることに自覚的であるべきだということ。複雑な歴史の集積に目を向けなければならない。もし情報戦に勝ったのがロシアのプーチン大統領だったらどうなっていたか。想像力が必要だ。

軍事力はリアルの一側面

――私たちは、現実を理解するために何をするべきですか。

現実を理解、というときには「リアリズム」という言葉がよく使われる。重要なのは、「リアル」なものを単純化しない姿勢だ。「しょせんこの世界は、力と力、軍事力や経済力のぶつかり合いの結果だ」というのは間違いではないが、リアルの一側面にすぎない。ウクライナ戦争における情報戦のことを考えてみれば、実際にぶつかり合っているのは軍事力だけではない。道理や情熱、共感もこの世界のリアルをつくり上げている。

ただ僕らはそれについてじっくりと考える時間を、少なくともネットの中では失っている。ネットの外では必ずしもそうではない。例えば日本の読者層は非常に分厚くて、フランスだったら500冊しか売れないような哲学書が、日本では数千冊、数万冊売れることもある。読書において人はじっくり考えることができる。今の日本でもまだまだ期待できる分野だ。

だが、ネットはまったく違う方向に進んでいる。そしてネットの情報環境は僕らの生活の中に否定しがたく存在している。だとしたら、単にネットを拒否するのではなく、ネットの中に読書に匹敵する、ゆっくりと物事を考えるための時間とスペースをつくり出すということを考えるべきではないか。そうした問題意識の下で、僕は昨年、映像コンテンツを中心とする哲学プラットフォームを開設した。映像撮影も自分でやっている。映像では人間が話すスピード、考えるスピードを大切にしている。オンラインサロンのようにグループをつくることを目指してはいないから爆発的に広がることはないだろうが、それでいいと思っている。

世界情勢が激しく動いているからこそ、情報に踊らされず、SNSでの瞬間的な反応と意見表明で満足せず、じっくり考えなければならない。

（聞き手・山本舞衣）

國分功一郎（こくぶん・こういちろう）

1974年生まれ。東京大学大学院総合文化研究科博士課程修了。博士（学術）。著書に『暇と退屈の倫理学』『中動態の世界』『スピノザ』など。2022年、哲学プラットフォーム〈國分功一郎の哲学研究室〉を創設した。

【学び直し】

リスキリングの先にあるものが大切だ

一橋ビジネススクール教授・楠木　建

まずは仕事とは何かをはっきりさせておきましょう。「趣味」ではないもの――これが僕の「仕事」の定義です。趣味は徹頭徹尾自分のためにやることです。自分が楽しければそれでいい。これに対して、仕事は「自分以外の誰かのためにやること」です。釣りは趣味ですが、漁師は仕事です。「お客」の役に立ってこその仕事です。お客は外部の顧客とは限りません。組織の中にもその仕事を必要としている人――上司や部下や横で働いている人々――がいます。彼らに価値を与えることができてはじめて仕事になります。

あっさりいえば、仕事は労働市場における価値交換です。自分の仕事能力を相手に買ってもらう。小売業がお店で商品をお客に売るのと同じ。お客にとってまるで価値のない商品を店頭に並べても、買ってくれる人はいません。どこにでも大量に売っているものであれば、こちらにとってよい条件で買ってくれるお客は現れません。要するに、需要と供給の交わるところで価値交換は成立します。

今売っているものにどうもお客が満足していない——これは自分の売り物とお客が買いたいものの間にズレがあるということです。需要がないところにいくら供給しても無理があります。その場合、売り物を替える必要がある。すなわち、リスキリングです。

リスキリングというと、デジタル人材になれとか、プログラミングを習得しようとか、データ分析ができるとか、もう少し古典的なものでいうと、外国語が使いこなせるとか、財務や法務の知識があるとか、そうした方面のスキルにばかり目が向きがちです。一方で、営業やバックオフィスの仕事もまた立派なスキルです。足で稼ぐアナログな営業の能力があり、その人の存在が買い手である会社にとって不可欠なものと認識されているのであれば、何もリスキリングの必要はありません。下手に土俵を替えることなく、営業の分野でスキルに磨きをかけていけばいい。要するに、買い手から必要とされるかどうかがすべてです。

スキルを向上させ、自分の仕事能力の価値を高めていく。いうまでもなく大切なことです。ところが、です。現実に仕事ができる人は依然として少ない。試みに周囲を見回してみてください。「ああ、この人は確かに仕事ができるなあ」と思わせる人はそれほど多くないと思います。いかにもスキルがあるにもかかわらず、仕事ができない人がいます。

「仕事ができる」とはどういうことか。あっさりいえば「頼りになる」ということです。「安心して任せられる」「この人なら何とかしてくれる」、もっといえば「この人じゃないとダメだ」、そう思わせる人が本当の意味で仕事ができる人です。

この意味での仕事能力は、「あれができる、これができる」というスキルを超えています。それを総称して、僕は「センス」と呼んでいます。外国語を駆使しても、肝心の仕事の場で外国人相手に意思の疎通ができない人がいます。さまざまな戦略分析のフレームワークに精通しているのに、戦略を描けない人がいます。ロジカルシンキングとプレゼンテーションのスキルがあるにもかかわらず、話がものすごくつまらない人がいます。こういう人は「作業」は得意でも「仕事」ができない。スキルはあってもセンスがないのです。

「あれができる、これができる」といっているうちはまだまだです。代わりになる人はいっぱいいる。極論すればマイナスがないだけ。ゼロからプラスをつくっていけるかどうかはその人のセンスに強くかかっています。

なぜスキルの先にあるものが大切なのか。その最大の理由は、仕事生活が割と長く続くということにあります。スキル一本やりでも、途中までは割と順調に行ける。しかしあるときに厚い壁にぶち当たります。当人は「スキルで突破できる」と思っていても、いつかどこかで「あれ？　おかしいなぁ、こんなに頑張っているのに……」ということになります。

スキルがあるというだけで買われる状況は、人が足りないときに限られる。そのジャンルの人が足りないという状態ではスキルが物をいう。昨今のプログラミングのように「旬のスキル」というのはいつの時代にもあります。多くの人が旬のスキルに目を向ける。ところが、人間すぐには死にません。仕事は長い間続いていく。いずれはその分野のスキルを持つ人は増えていきます。平均点に高い評価を与える人はいません。

センスは四六時中使える

「ポータブルなスキルを持て」というけれど、その分野にはまらないとスキルは使えない。汎用性があるのはセンスのほうです。職位や職務領域を超えて、しかもどんな局面でも四六時中使える。リアルの営業でセンスがある人は、オンラインの営業でも大体うまくいく。相手が本当のところ何を欲しがっているのかを見抜く力がその人の営業力の中核にあるとしたら、そのセンスは人事の仕事にも生かせるはず。センスは長い仕事生活を通じた拠り所になります。

スキルであればそれを開発する定型的な方法、すなわち「教科書」があります。リスキリングというとたいへんなことのように聞こえますが、やるべきことは決まっています。定評のある優れた方法を選び、継続的に努力を投入すれば、かならずスキルは向上します。やればいいだけ——こんなにうまい話はありません。

センスには標準的な教科書はありません。それでも生得的な能力ではありません。センスは自らが経験を重ねる中で錬成するものです。他者が「育てる」ものではなく、当事者がセンスある人に「育つ」しかありません。

だとしたら何ができるのか。その第一歩は、周りにいる「センスがある人」を1人選び、その人をよく見るということ。「センスのよさ」は一言では言語化できません。それでも、センスがある人とない人とは容易に見分けがつく。ある局面や状況で、なぜその人はそうしたのか。なぜこうしなかったのか。漫然と見るのではなく、考えながら見る。この作業を続けていくうちに、センスの輪郭がだんだんと見えてきます。

スキルが特定の物差しの上での量の多寡の問題（例えば「私はＴＯＥＩＣ９００点

です」）であるのに対して、センスは千差万別です。センスがある人（と同時にセンスがない人）の行動を注視し、一つひとつの文脈で「センスのよさ」を読み解き、つかみ取っていく。見て、見続けて、見破る――センスを磨くためにはこうした帰納的方法しかありえません。

だからこそ「仕事ができる人」はいつも希少な存在なのです。つまりは、それだけ価値があるということです。

楠木　建（くすのき・けん）

一橋大学大学院商学研究科博士課程修了。一橋大学商学部助教授および同大学イノベーション研究センター助教授などを経て、２０１０年から現職。専攻は競争戦略とイノベーション。著書に『ストーリーとしての競争戦略』『「好き嫌い」と経営』『絶対悲観主義』など。

【週刊東洋経済】

本書は、東洋経済新報社『週刊東洋経済』2022年12月24日・31日合併号より抜粋、加筆修正のうえ制作しています。この記事が完全収録された底本をはじめ、雑誌バックナンバーは小社ホームページからもお求めいただけます。

小社では、『週刊東洋経済eビジネス新書』シリーズをはじめ、このほかにも多数の電子書籍ラインナップをそろえております。ぜひストアにて**「東洋経済」で検索**してみてください。

『週刊東洋経済eビジネス新書』シリーズ

No.420　テクノロジーの未来地図
No.421　年金の新常識
No.422　先を知るための読書案内
No.423　欧州動乱史

No.424 物流ドライバーが消える日
No.425 エネルギー戦争
No.426 瀬戸際の地銀
No.427 不動産争奪戦
No.428 インフレ時代の資産運用&防衛術
No.429 人口減サバイバル
No.430 自衛隊は日本を守れるか
No.431 教員不足の深層
No.432 ニッポンのSDGs&ESG
No.433 独走トヨタ　迫る試練
No.434 変わる相続・贈与の節税
No.435 東芝の末路
No.436 食糧危機は終わらない
No.437 ゼネコン　両利きの経営

No.438　すごいベンチャー２０２２〔前編〕
No.439　すごいベンチャー２０２２〔後編〕
No.440　宗教　カネと政治
No.441　岐路に立つ鉄道
No.442　学び直し全ガイド
No.443　米中　大動乱
No.444　高揚するコンサル　したたかな弁護士
No.445　半導体　復活の足音
No.446　氾濫するＰＲ
No.447　総孤独社会
No.448　認知症　全対策
No.449　武器としての名著

週刊東洋経済eビジネス新書　No.450
世界と日本の焦点　2023

【本誌（底本）】
編集局　堀川美行、長瀧菜摘、大竹麗子、宇都宮　徹
デザイン　池田　梢、杉山未記、熊谷直美、藤本麻衣、平野　藍
進行管理　平野　藍
発行日　2022年12月24日

【電子版】
編集制作　塚田由紀夫、長谷川　隆
デザイン　大村善久
制作協力　丸井工文社
発行日　2024年3月14日　Ver.1

発行所　〒103-8345
東京都中央区日本橋本石町1-2-1
東洋経済新報社
電話　東洋経済カスタマーセンター
03（6386）1040
https://toyokeizai.net/
発行人　田北浩章

電子書籍化に際しては、仕様上の都合などにより適宜編集を加えています。登場人物に関する情報、価格、為替レートなどは、特に記載のない限り底本編集当時のものです。一部の漢字を簡易慣用字体やかなで表記している場合があります。本書は縦書きでレイアウトしています。ご覧になる機種により表示に差が生じることがあります。

※本刊行物は、電子書籍版に基づいてプリントオンデマンド版として作成されたものです。